천 개의 스몰 브랜드

천 개의 스몰 브랜드

초판 1쇄 발행 2025년 4월 20일

지은이 : 김성구, 박요철, 정은진, 홍은비
발행인 : 박요철
편집장 : 박요철
편집 : 정은진
디자인 : 홍은비

펴낸 곳 : 비버북스
출판신고 : 2024년 8월 14일 제 2024-000104호
주소 : 경기도 성남시 분당구 서현로478번길 7
문의 : hiclean@gmail.com
ISBN : 979-11-988900-5-4(03810)
값 15,900원

이 책은 저작권법에 의해 보호받는 저작물이므로 무단 전제와 무단 복제를 금지하며 이 책 내용의 전부 또는 일부를 인용하거나 발췌하려면 반드시 저작권자와 비버북스의 서면 동의를 받아야 합니다.

파본이나 잘못된 책은 구입하신 곳에서 바꿔드립니다.

이 도서의 국립중앙도서관 출판예정도서목록(CIP)은 서지정보유통지원시스템 홈페이지(scoji.nlgo.kr)와 국가자료공동목록시스템(www.nlgo.kr/kolirkrkd강net)에서 이용하실 수 있습니다.

천 개의 스몰 브랜드

목차

추천사   11
프롤로그   18

1장. 창업의 이유
브랜딩은 2형식이다   22
본질의 발견   26
세상에 질문을 던지다   29

2장. 핵심 가치
핵심가치란 무엇인가?   38
핵심가치란 왜 중요한가?   42
당신은 어떤 OOO을 하고 있나요?   48

3장. 시장과 소비자
시대의 욕망을 읽어라   56
칫솔을 파는 당신에게 '브랜딩'이 필요한 이유   61
이제 '브랜드여지도'를 그려보자   68

4장. 핵심자원과 활동
양재역 맛집, 솥두껍을 아시나요?   80
격투기 선수 출신 고깃집 사장님이 브랜딩을 한다면?   84
'역전회관'은 어떻게 100년 식당이 될 수 있었나?   89

5장. 차별화

시장을 쪼개라, 최고가 되라	96
공유 오피스 '집무실' 3일 체험기	100
커스텀자수 아동복 '카멜버스' 이야기	105

6장. 컨셉과 로고

컨셉이란 무엇인가?	112
귀여운 것은 세상을 구할 수 있을까?	121

7장. 네이밍

네이밍의 이론과 실제	126
사랑받는 이름의 조건	130
Pastelize your Persona	136

8장. 브랜드 스토리

만들거나, 발견하거나	144
당신에겐 '팔릴만한' 이야기가 있습니까?	148
호떡을 파는 사람 vs. 행복을 파는 사람	152

9장. 브랜드 디자인

동네 카페를 한다면 이곳처럼, 앱스트랙	160
떡볶이가 아닌 '감성'을 파는 곳, 도산분식	166
서초동 어느 작은 디저트 가게의 브랜딩에 대한 보고서	171

10장. 브랜드 전략

200년 가는 안경 가게의 단 한 가지 비밀 — 178
동네 브랜드는 어떻게 성장하는가? — 183
스스로 성장을 제한하는 브랜드들 — 188

11장. 바이럴

아빠는 왜 늘 등산복만 입을까? — 196
어떤 글이 공유되고 바이럴 되는 것일까? — 200
동네 맛집의 홍보 방법은 달라야 하지 않을까? — 204

12장. 내부 브랜딩

당신의 회사에는 브랜드십이 있습니까? — 212
어쩌면 외식업은 교육사업이 아닐까? — 216
푸드트래블은 왜 일하는가 — 221

부록. 12단계 브랜딩 사례집 — 228
에필로그 — 266

추천사

그 브랜드는 왜 선택받았고 그 브랜드는 왜 버려졌을까. 당신의 욕망은 그 브랜드와 어디서 만나는가. 당신의 WHY는 소비자의 WHY와 어디서 엇갈렸을까. 시장에 직접 도전해 크고 작은 실패와 성공을 거듭한 창업자들의 이야기를 4명의 저자들이 기록한 브랜딩의 법칙들. 천 개의 작은 브랜드, 천 개의 담대한 아이디어들이 당신을 기다린다.

- 김원장 / 삼프로TV 진행자, 전 KBS 앵커

골목길을 걸어가다 보면, 생각하지 못했던 낯선 장면을 마주할 때가 있다. 그때의 기분은 잘 몰랐던 무언가를 발견하게 될 때 본능적으로 느끼는 설렘과 같다. 이 책이 그렇다. 누구나 판매를 할 수 있는 시스템이 갖추어진 세상에 아무나 브랜드를 할 수 있다고 외치는 지금의 시대에 누군가의 조언이 필요할지도 모른다. 낯선 골목길의 모퉁이에서 만난 인상 좋은 동네 어른이, 아무것도 모르고 무엇부터 시작해야 할지 방황하는 이들에게 용기와 지혜를 한 움큼 선사하는 듯하다. 마케팅과 브랜딩이라는 단어가 세상 어렵다지만, 이 책에서는 '아하, 그렇구나!'의 순간을 마주하게 된다. 천개의 스몰 브랜드는 시간이 흐른 어느 시점에는 천개의 빅 브랜드를 마주하게 될지도 모르겠다.

- 양수석 / 29CM 플랫폼 런칭 멤버, 현 이터널 그룹 크리에이티브 랩 디렉터

Creative, Differentiation이 부각되는 시기, '다른 것은 무엇일까'에 집착했던 적이 있었습니다. 다름과 창의를 고민하니 Copy의 변형만이 아른거리고, 내면의 갖춤이 없이 다름의 욕망을 좇으니 허무함만 가득했던 기억이 떠오릅니다. 사람의 문제와 결핍을 통해 자신만의 철학과 가치관을 만들어 가는 것, 본질에 집중해야 함

을 다시 배우게 됩니다. 디자이너에서 MD(상품기획자)로, 사업가로 끊이 없이 변화하고 도전하는 홍은비대표와 천개의 스몰브랜드 박요철, 길성구, 정은진 저자를 응원합니다.

- 정재우 / 롯데마트, 롯데슈퍼 eGrocery 사업단 전무

비즈니스가 막막하거나 성장을 고민하는 이들에게 이 책은 확실한 방향성을 제시하는 지침서가 될 것이다. 『천 개의 스몰 브랜드』를 읽고 나면 마치 직접 비즈니스를 운영해 본 듯한 경험을 하게 된다. 이 책은 '소비자에게 매력적인 제품과 서비스는 반드시 살아남는다'는 핵심 메시지를 전달하며, 철학과 가치, 실전 마케팅과 유통 사례를 통해 스몰 브랜드가 탄생하고 성장하는 과정을 보여준다. 곁에 두고 읽을수록 더욱 큰 도움이 될 것이다.

- 최수정 / 소싱스타트 대표이사, 『유통의 속성과 함정』 저자

사업은 기업이 고객의 불편을 해소해 주는 일이다. 문제는 고객이 기업이 하는 일이 무엇인지 모를 때 있다. 기업의 대화 방식에 문제가 있기 때문이다. 고객에게 무엇이 필요한지 묻고, 그 해답이

바로 자기 기업이라고 말하는 것, 이것이 브랜딩이라는 것을 이 책을 통해 배웠다. 결국 브랜딩은 기업이 고객에게 전하는 대화이자 자기소개서이다. 이 책에 나오는 작지만 강력한 브랜드로부터 독자만의 브랜드를 만들어 낼 힘을 얻길 바란다.

- 한석준 / 프리한삼촌 진행자, 전 KBS 아나운서

브랜딩은 욕망을 해석하고 존재 이유를 구조화하는 일이다. 이 책은 그것을 '작은 브랜드'의 언어로 설득력 있게 보여준다. 12개의 브랜드가 현실을 뚫고 어떻게 브랜드로 거듭나는지 생생하게, 그리고 따라 연습할 수 있도록 구조적으로 정리했다. 브랜딩, 마케팅을 모르는 분들에게 매우 실용적인 브랜딩 교과서가 될 것 같다.

- 최장순 / LMNT 대표, 『기획자의 습관』, 『의미의 발견』 저자

'1000개의 스몰 브랜드' 단톡방에 함께 하시면
더 많은 정보는 물론 다양한 관련 행사 및 활동에
참여하실 수 있습니다.

프롤로그

프롤로그 – 브랜드의 시대, 우리는 어디에 있는가

우리는 하루에도 수십 개의 브랜드를 소비하며 살아간다. 아침에 일어나 커피를 마시는 순간부터, 저녁에 잠들기 전까지 손에 쥔 스마트폰을 통해 브랜드와 연결된다. 브랜드는 단순한 로고나 상표가 아니라, 우리의 삶과 감정을 연결하는 매개체가 되었다. 이제 더 이상 브랜드는 대기업의 전유물이 아니다. 과거에는 거대한 자본과 인프라를 가진 기업들만이 브랜드를 만들고, 시장을 장악할 수 있었다. 하지만 시대는 바뀌었다. 지금은 한 명의 개인도, 작은 기업도 자신만의 브랜드를 만들어 시장에서 독보적인 가치를 창출할 수 있다. '스몰 브랜드'의 시대가 온 것이다.

스몰 브랜드란 무엇인가? 단순히 작은 규모의 사업을 뜻하는 것이 아니다. 대기업의 논리에 얽매이지 않고, 차별화된 아이덴티티를 구축하며, 특정한 고객층과 깊이 있는 관계를 형성하는 브랜드를 말한다. 스타벅스가 전 세계에 퍼져 있지만, 동네 카페 '앱스트랙'은 여전히 사람들에게 특별한 가치를 제공한다. 수많은 떡볶이 브랜드가 있지만, '도산분식'이 감성적인 경험을 파는 이유도 여기에 있다.

이 책은 단순한 브랜딩 이론서가 아니다. 우리는 실제로 시장에서 치열하게 경쟁하며 살아남은 스몰 브랜드들의 이야기 속에서, 그들이 어떻게 브랜드를 만들고 성장시켜 왔는지를 들여다본다. 그리고 브랜드의 본질, 차별화, 네이밍, 스토리, 디자인, 전략, 마케팅, 바이럴, 조직 운영까지—브랜드를 만들어가는 모든 요소들을 현실적인 시각에서 분석하고 제안한다. 브랜딩은 거창한 전략이 아니다. 그것은 우리의 일상 속에서 작은 차이를 만들고, 소비자의 문제를 해결하며, 시장에서 나만의 자리를 찾는 과정이다. 스몰 브랜드를 만들어가는 모든 이들에게, 이 책이 실질적인 인사이트와 영감을 주기를 바란다. 자, 이제 우리의 브랜드 여정을 시작해 보자.

1장. 창업의 이유

Why

브랜딩은 2형식이다

　어느 날, 우리는 유명한 한식당 대표님을 만났다. 100여 년의 역사를 자랑하는 이 식당은 메뉴도 다양했다. 그러다보니 함께 온 손님들은 어떤 메뉴를 정할지를 두고 10여 분 이상을 고민하는 일들이 비일비재했다. 당연히 회전율에도 영향을 줄 수밖에 없었다. 식당 주인은 이때부터 고민에 빠졌다. 어떻게 하면 사람들이 메뉴를 빠르게 선택하고 주문하게 할 수 있을까. 그렇게 며칠을 고민하던 차에 전에는 없던 '세트 메뉴'를 만들기로 했다. 그리고 거기에 한 가지 아이디어를 더했다. 세트 메뉴를 선택한 손님들에게 인기 메뉴(그러나 객단가는 낮은)인 선지술국을 공짜로 주기로 한 것이다. 결과는 초대박이었다. 누가 오든 세트 메뉴를 주문하는 놀라운 일들이 일어났다. 회전율과 메뉴의 단순화를 가져온 획기적인 변화였다.

문제 해결을 위한 창의적인 접근

우리는 브랜딩이 2형식이라고 생각한다. '문제'를 발견하고 '해결'하는 과정이 바로 브랜딩이다. 그런데 이 문제가 참으로 다양하다. 그리고 이 문제의 이면에는 인간의 욕구가 있다. 사람들이 맛집에 와서 무엇을 먹을까를 고민하는 것은 당연하다. 그러나 식당 주인에게는 이 10분의 시간이 바로 매출과 연결된다. 고객도 만족하고 식당도 손해를 보지 않는 방법은 어디 있을까? 이 식당 주인은 일방적으로 메뉴를 줄일 수도 있었다. 그러나 단골 손님들 중에는 그 사라진 메뉴 때문에 식당에 오는 분들도 적지 않을 것이다. 식당 주인은 더 깊이 고민하고 결국 방법을 찾았다. 손님들의 메뉴 선택에 대한 욕구, 즉 문제를 창의적인 방식으로 해결한 것이다. 바로 시그니처 메뉴를 홍보하면서 회전율과 매출을 동시에 올리는 일석 삼조의 '해결책'을 찾은 것이다.

그렇다면 '문제'를 더 잘 '해결'하기 위해서는 어떤 노력이 필요할까. 당연히 공부하는 것이다. 앞서 소개한 식당은 100여 년의 역사를 자랑하는 유서 깊은 곳이다. 그런데 이 식당 대표님은 식당과 외식업 경영에 관한 수업만 스무 군데 이상을 다녀왔다고 했다. 바로 문제의 해결책을 찾기 위해서다. 창의적인 해결책은 어느 날 우연히 뇌리를 스치고 지나가지 않는다. 경우의 수를 많이 가지고 있는 것이 결국 유능함으로 연결된다. 사례를 두 개만 알고 있으면 두 개의 해결책만 만들 수 있다. 하지만 10개의 사례를 가진 사람은 10개를 서로 조합해 100개의 새로운 해결책을 만들 수도 있다. 이를 위해서 필요한 것은 오직 한 가지 직접 경험과 간접 경험밖에 없다. 여기서 간접 경험이 바로 '공부하는 것'이다.

하루에도 수없이 많은 브랜드의 해법을 찾아 다녀야 하는 우리에게 필요한 것이 바로 이런 간접 경험을 통한 경우의 수다. 앞서 언급한 식당의 해결을 응용하면 다른 브랜드도 도울 수 있다. 다른 식당의 성공 요소를 이 식당에 응용할 수도 있다. 이때 중요한 것은 문제를 바라보는 눈이다. 브랜딩을 하는 우리와 식당 주인에게 필요한 눈은 다르지 않다. 문제의 본질을 제대로 파악하는 것이 둘에게 필요한 능력이자 절실함이다.

문제의 본질에 집중하자

어느 나라에 외동딸인 공주가 병에 걸렸다. 병상에 누운 딸은

왕에게 밤하늘에 뜬 달을 따다 주면 나을 것 같다고 이야기한다. 온 나라의 전문가들이 달을 따올 고민을 시작한다. 그러나 답이 나올 리 없다. 그때 어느 광대가 찾아와 공주에게 물어본다. '공주님, 달이 얼마나 큰가요?' 공주가 답한다. '이 바보야, 달은 내 손톱만 하잖아. 그것도 몰라.' 그래서 광대는 손톱 크기 만한 달 모양의 보석을 만들어 공주의 목에 걸어준다. 그날로 공주는 병상에서 일어선다. 그렇다면 이 이야기의 핵심은 어디에 있을까? 광대는 불가능한 해결책이 아닌 '문제' 그 자체에 집중했다. 지금으로 치면 소비자의 '니즈'에 집중한 것이다. 그러자 전에 없던 해결책이 나왔다. 앞선 식당의 대표가 세트메뉴와 선지술국으로 손님들의 고민을 한방에 해결한 것처럼 말이다.

그러니 문제를 만나면 본질에 집중하자. 왜 특정 브랜드를 좋아하고 싫어하는지를 연구해보자. 사람들이 어떤 트렌드에 열광하고 외면하는지를 연구해보자. 그런 모든 현상의 이면에는 다름아닌 사람들의 숨은 '욕망'이 자리하고 있다. 사실 앞서 소개한 동화는 그 뒷 이야기가 있다. 왕과 신하는 이 해결책에 놀라면서도 한 가지 걱정이 있었다. 다음 날 떠오를 달을 보면 공주가 지금의 목걸이를 가짜라고 생각하지 않을까 걱정한 것이다. 그러나 광대가 물어보자 공주는 이렇게 답한다. "바보야, 손톱도 자라듯이 달도 다시 자라는 거야. 그것도 몰라." 그러니 소비자의 시각으로 문제를 바라보라. 당신이 결코 풀지 못한 모든 문제의 답은 그들에게 있다. 문제도 그들 속에, 그 해답도 그들 속에 있다는 사실을 결코 잊지 말자.

본질의 발견

얼마 전 송리단길의 '미자식당'이 문을 닫았다. 8년간 이 길의 부흥을 이끈 식당 중 하나였다. 비슷한 시기에 그 유명한 '카린지'도 문을 닫았다. '몽탄'으로 유명한 바비정이 만든 식당이었다. 어디 그뿐인가. 노티드 도넛과 다운 타우너를 운영하는 GFFG가 만든 식당들도 줄줄이 문을 닫았다. 여러 이유가 있겠지만, 아마도 비싼 임대료가 한몫했을 것이다. 사실, 건물주가 아닌 이상 임대로 다점포를 운영하는 것은 10년 정도의 시한부 경영이라고 생각해도 크게 틀리지 않는다. 하물며 이제 막 이곳에서 가게를 시작하는 사장님들이라면 오죽할까.

성공적인 외식업을 위한 전략적 접근

　가게를 오픈할 때도 이들은 엉뚱한 데 시간과 비용을 들이지 않는다. 정말 고수인 창업자들은 건물 폭이 좁고 깊은 가게를 선호하지 않는다. 나중에 가게를 이전할 때 팔기 어렵기 때문이다. 계단이 있는 가게, 골목에서 움푹 들어간 구조도 싫어한다. 가게 오픈을 위한 인테리어 역시 돈을 아낄 마음에 직접 철거를 했다가 사나흘 몸살을 앓는 건 기본이다. 그러나 이들 고수가 정말로 중요하게 여기는 것이 무엇일까? 그것은 바로 외식업의 '본질'과 '철학'이다. 이들은 부수적인 내용들은 과감하게 실무자들에게 위임한다. 그 대신 큰 그림을 그린다. 여기서 큰 그림이란 자신이 하고자 하는 외식업의 성격을 규정하는 일이다. 어떤 브랜드는 외식업을 '오프라인 콘텐츠 사업'으로 이해한다. 공간과 비주얼에 집중하는 것이다. 반면 또 다른 가게는 '저렴하고 신선한 음식' 그 자체를 철학으로 여긴다. 그래서 맛을 방해하는 적당한 타협을 하지 않는 것이다.

　이런 고민이 유효한 이유는 '지속 가능한' 경영을 위해서다. 이런 원칙이 없다면 그때그때의 트렌드와 유행에 휩쓸릴 수밖에 없다. 한때의 유행을 만들고 이끄는 것도 어렵다. 하지만 우리나라 외식업의 구조상 처음부터 건물주가 되어 마음껏 하고 싶은 식당을 하기는 어렵다. 그래서 임대를 해서 들어가면 잘 안 되도 문제, 잘 되도 문제다. 잘 되는 가게를 내쫓고 자신이 직접 가게를 하는 사례는 너무도 흔해서 새롭지도 않다.

브랜드의 본질을 고민해야 하는 이유

잠깐 읽기를 멈추고 스타벅스와 블루보틀이 건물주에 휘둘릴 이유가 있을지 생각해보자. 물론 사업의 규모와 유명세도 있겠지만 본질은 브랜드다. 이들은 매장보다 더 높은 가치를 가진 브랜드를 가지고 있다. 그래서 오히려 건물주들이 이들 브랜드를 유치하지 못해 안달이 나는 상황이 벌어진다. 그리고 이런 브랜드의 핵심에는 다름 아닌 철학이 있다. 자신만의 분명한 가치관을 가지고 오래도록 경영해 온 가게는 입지에 영향을 받지 않는다. 건물주가 뺏을 수도 없다. 우리가 지양해야 할 스몰 브랜드의 정점에는 바로 그런 '철학'이 있다.

그러니 새로운 건물과 입지를 알아보고 인테리어를 하기 전에 스스로 이런 질문을 던지고 끊임없이 답해 보자. 왜 이 업을 시작했으며 이 일을 통해 추구하고자 하는 가치를 선명하게 다듬어 보자. 업의 본질이 '오프라인 콘텐츠'라면 공간과 비주얼을 어떤 컨셉으로 유지해 갈지 끊임없이 고민해야 한다. 음식의 맛이 철학 그 자체라면 그것을 지키기 위해 어떤 희생도 감수해야 한다. 그런 정도의 고집이 없다면 우리의 식당도 5년 뒤 살아남을 확률이 겨우 20%인 장사에 만족해야 한다. 10년 반짝하는 장사를 하겠는가, 아니면 100년을 갈 브랜딩을 하겠는가. 이 질문에 대한 대답은 전적으로 가게(혹은 회사)를 오픈하고 준비하고 경영해야 할 우리의 몫이다.

세상에 질문을 던지다

감기에 걸려 쌉쌀한 전복죽을 먹다가 생각한다. 본죽은 왜 비쌀까? 여기서 파는 죽은 1,000원짜리 공기밥보다 확실히 비싸다. 야채, 소고기, 전복이 들어가서 비싼 걸까? 편의점에서 파는 죽을 보면 꼭 그렇지도 않다. 우리는 그 이유가 시장을 '선점'했기 때문이라고 생각한다. 전에 없던 새로운 상품의 카테고리를 만들어냈기 때문이다. 하지만 더 정확하게는 이렇게 말할 수 있을 것이다. 이들은 시장과 세상에 이런 질문을 던졌다. "왜 죽은 아플 때만 먹어야 하죠?" 이 질문 하나가 새로운 시장을 만들어냈다. 그리고 이런 도전적인 사고방식은 시장에 새로운 가격을 매길 수 있는 권리도 제공하기 마련이다.

고정관념을 깨는 브랜드들의 도전

이런 도전을 감행한 브랜드는 본죽뿐만이 아니다. "헬스장에 가는데 왜 화장을 해야만 하죠?" 이 질문을 던진 커브스는 여성 전용 헬스장을 오픈했다. 굳이 이성에게 예쁘게 보일 필요가 없는 여성들이 비로소 운동 그 자체에 집중하기 시작했다. 물론 이런 질문이 항상 성공하는 것은 아니다. 발뮤다는 이렇게 물었다. "세상의 스마트폰은 왜 다 각지고, 크고, 비슷할까?" 그리고 한 손에 들어오는 둥근 디자인의 스마트폰을 만들어냈다. 그러나 완벽하게 실패했다. 디자인을 제외하면 기존 소비자의 눈높이를 맞추지 못했기 때문이다. 아니, 그 디자인조차 삼성이 갤럭시 S3에서 이미 시도했던 조약돌 디자인과 유사했다. 결국 대표의 고집과 오만함이 부른 비극이자 몰락이었다. 그러니 시장을 벤치마킹하는 것만큼 기존 제품과 서비스에 의문을 던지는 연습을 해보자. 책에서 말하는 사례가 아니라, 우리의 불편, 우리의 문제, 우리의 필요에 귀를 기울이자. 그리고 그 문제를 개인의 고민이 아닌 '우리'의 문제로 만들어 보자. 우리는 그것이야말로 세상 모든 브랜딩의 시작점이라고 믿는다.

시장에 대한 거대한 질문을 던진 비기너들은 이제 나를 아는 질문을 던질 차례다. 우리 중 홍은비 대표는 카페 TMD를 운영했었다. 그녀는 창업 초기, 브랜드를 자기화하는 과정에서 적지 않은 어려움을 겪었다. 단순히 맛있는 음식과 커피를 제공하는 공간이 아니라, 브랜딩과 마케팅에 관심 있는 사람들이 모여 교류하는 커뮤니티형 공간으로 운영하고자 했다. 그러나 질문보다는 벤치마킹을 선호하는 동업자와의 비전 차이로 인해 사업의 방향성이 흔들렸다. 결국 창업 3개월 만에 동업자와 결별을 선택했고, 이후 법인의 모든 책임을 혼자 감당하게 되었다. 그 후, 홍은비는 스스로 던지는 질문을 바꾸기 시작했다.

"시장에 대한 고민을 마쳤으니, 이제 나의 본질을 알아야겠다."

TMD를 시작하기 전, 홍은비는 십수 년을 대기업에서 일했다. 조직의 규율 속에서 점점 시들어가던 어느 날, 누군가 던진 질문에 대답조차 하지 못했다. "이사님은 무엇을 좋아하세요?" 교육과 사회 속에서 '나다운 것'을 찾는 질문을 던진 적이 없었음을, 시스템 속에서 본질적인 취향과 정체성을 발견할 기회가 없었음을 깨달았다. 파괴적인 자각은 단순히 상품을 만들고 판매하는 것을 넘어, 나만의 가치를 실현하고 정체성을 담을 무언가를 창조하고 싶은 욕망을 불러일으킨다.

브랜딩의 핵심은 '질문을 멈추지 않는 것'

TMD(To My Dear)에는 "친애하는 나 자신에게"라는 뜻이 담겨 있다. 자신이 진정으로 원하는 가치를 브랜드로 구현하겠다는 의미였다. '디자이너니까 이 정도는 해야지'라는 마음으로 처음엔 막연한 관성으로 시작했지만, 결국 1년 반 동안 쇼룸을 만들며 브랜드의 방향성을 다듬었다. 그 과정에서 3억 원의 경제적 대가와 육체적·정신적 소모를 감수해야 했다. 하지만 비싼 테이블에 흠집이 날까 봐 테이블보를 씌우는 것은 브랜딩이 아니었다. 오히려 브랜딩에 대해 열변을 토하는 사람들의 열기가 TMD의 정체성을 만들어가고 있었다. 고객의 리텐션과 매출은 작은 브랜드가 만들어낸 큰 나비효과를 증명했다.

홍은비의 인스타그램과 스레드를 구경해보면 누구보다 인간적이다. 시행착오도 많았지만, 지금의 그녀는 누가 뭐래도 '디자이너 은비'이다. 브랜딩의 초석은 '시장'을 아는 것에서 시작해 '나'를 아는 것으로 단단해진다. 그러나 나를 아는 것만으로는 부족하다. 세상과 소통할 수 있는 접점을 발견해야 한다. 글과 말, 시각과 청각, 그리고 물성을 가진 공간은 한 사람의 세상이다. TMD는 단순한 브랜드가 아니라, 삶과 철학이 담긴 프로젝트로 발전하고 있다. 이 모든 과정은 단순히 물건을 팔거나 공간을 운영하는 것이 아니라, 자신의 이야기를 담아 세상과 연결되는 의미 있는 여정임을 보여준다. 그러니 브랜더여, 절대 자기 자신과 시장을 향한 질문을 멈추지 말라.

2장. 핵심 가치

alue

핵심가치란 무엇인가?

　코딩을 좋아하는 한 대학생이 있었다. 수의사가 꿈이었던 그는 공중방역수의사로 근무하게 된다. 그리고 개체 수 조절을 위한 안락사를 직접 경험한다. 문득 '이건 아닌데' 라는 생각이 스쳐 지나가다 2개월 후, 그는 취미로 배운 코딩을 활용해 유기동물 입양이 가능한 플랫폼을 개발한다. 동물의 앞발(paw)과 사람의 손(hand)을 이어준다는 의미의 '포인핸드'가 탄생한 순간이다. 그에게 수익보다 중요한 것은 '사지 않고 입양하는 문화를 만든다'는 가치였다. 유기동물 역시 깨끗하게 목욕을 시키면 여타 반려동물과 다를 바 없다는 사실을 알리고 싶었다. 이를 위해 유기동물 사진 전시회를 열고 맨투맨 가슴에 붙은 철창 모양의 스티커를 제거하는 릴레이 캠페인을 전개했다.

가치와 욕망이 만들어낸 브랜드의 힘

가치는 눈에 보이지 않지만 강한 전염성을 가진다. '입양의 의미'라는 캠페인은 셀럽과 연예인을 거쳐 점차 문화의 한 줄기가 되어갔다. 포인핸드의 행보는 자연스럽게 사회적 기업을 떠올리게 한다. 하지만 과연 사회적 기업만이 가치를 창출할 수 있을까? '가치'라는 개념을 조금 더 깊이 들여다보면, 그것은 단순히 윤리적이거나 도덕적인 것만이 아니라, 인간의 욕망과 본능적 감정 속에서도 발견될 수 있다. 포인핸드를 지지하는 사람들의 마음속에는 단순한 동정심을 넘어, 나약하고 여린 생명을 살리고자 하는 본능적 욕망이 자리하고 있다.

욕망의 종류는 생각보다 다양하다. 홍대에서 새우버거로 유명한 '제스티살룬'을 보자. 이곳은 단순한 새우버거 가게가 아니라, 레트로 스타일의 미국식 캐릭터를 전면에 내세운다. 가게에 들어서면 마치 미국 서부의 레트로한 펍에 온 듯한 분위기가 펼쳐진다. 전원 스위치부터 화장실까지, 매장 전체가 디테일한 컨셉과 내러티브로 일관되게 연결된다. 이 공간은 미국에 가본 사람에게는 추억을, 한 번도 가보지 못한 사람에게는 새로운 경험을 제공한다. 대학생 시절부터 창업을 경험한 제스티살룬의 대표는 처음부터 브랜드 컨셉을 정하는 일에 공을 들였다. 그 결과, 이곳은 '이영자도 울고 간 새우버거'라는 별명을 얻게 되었다. 단순한 음식이 아니라, 색다른 경험과 감성을 제공함으로써 소비자의 욕망을 충족시킨 브랜드가 된 것이다. 결국 브랜딩이란 제품과 서비스를 통해 가치를 전달하는 것과 다름없다.

예술적인, 그러나 상업적인

이처럼 성공한 브랜드들은 자신들만의 '핵심 가치'를 분명히 가지고 있다. 가치란 단순히 추상적이고 형이상학적인 것이 아니라, 명확한 방향성과 철학을 가진 실체적 개념이다. 예를 들어, '지구 보호'를 핵심 가치로 삼은 파타고니아, '한계를 극복하는 도전 정신'을 강조하는 레드불, '환경과 동물 보호'를 브랜드 철학으로 내세운 러쉬, 그리고 '영원한 사랑'을 상징하는 드비어스처럼 말이다. 이들은 모두 각자의 가치관을 브랜드 전략으로 녹여내며 소비자와 공감대를 형성하고 있다.

그러나 이들이 추구하는 가치 역시 비즈니스와 연결되어 있다. 제품이 팔리지 않는다면, 그들이 내세우는 가치도 단순한 슬로건에 불과할 것이다. 결국, 가치란 단순한 선언이 아니라 소비자와 연결되는 실질적인 매개체가 되어야 한다. 실리콘밸리의 젊은 창업가들이 제품이나 서비스보다 '상업적으로 예술적인 가치'를 중시하는 이유도 여기에 있다. 브랜드로서 소비자에게 '인식'되려면, 단순히 돈을 버는 것 이상의 기반과 목표가 필요하다. 그것이 바로 욕망이고, 가치이며, 미래(어쩌면 이미 현재)의 소비자들을 움직이는 핵심 키워드다. 이제, 이 작은 불빛이 실제 사업에서 어떤 연쇄적인 반응을 일으키는지 살펴보자.

핵심가치란 왜 중요한가?

　단순한 디자인, 시각적 브랜딩의 배제, 원목과 면, 선종사원 같은 느낌의 상점… 게다가 이 브랜드는 홍보도 최소한으로 한다. 제품은 최소한의 원료를 활용해 가장 심플한 형태로 만들어지며, 로고조차 붙이지 않는다. 이미지와 텍스트는 잔잔하고 실용적이다. 가구, 주방용품, 의류, 수납도구, 사무용품까지, 심플하고 깔끔한 일본 특유의 감성이 담긴 이 브랜드를 떠올리면 자연스럽게 '무인양품'이 연상된다. 그러나 이런 무지의 스타일에는 분명한 이유가 있다. 그것은 바로 '하라 하치 부'라는 철학이다. 이 말은 '배가 8할만 차도 숟가락을 내려놓는다' 라는 의미를 가진다. 즉, 넘치지도 부족하지도 않은 절제와 균형이 브랜드의 본질로 자리 잡고 있는 것이다.

브랜드의 본질, 존재 이유를 찾아서

그렇다면 하나의 브랜드를 이루는 본질은 무엇일까? 그것은 바로 '존재 이유'이다. 어떤 개인이나 회사가 브랜드가 된다는 것은 스스로가 이 세상에 존재하는 이유를 명확히 알고 있다는 것을 의미한다. 그리고 그 이유는 가장 간단하면서도 강렬한 한 문장으로 표현될 수 있어야 한다. 브랜드의 본질은 브랜드가 하는 모든 일의 출발점이자 핵심 가치가 된다. 홍보와 마케팅의 중심이 되어야 하며, 함께할 파트너를 선택하는 기준이 되기도 한다. 브랜딩의 대상이 제품이든 서비스든, 철학이나 조직적인 운동이든, 강력한 브랜드 본질은 최고의 자산이 된다.

어느 치과에서 브랜딩을 의뢰해왔다. 우리는 여러 차례 토론을 거치며 사람들이 치과를 찾지 않는 근본적인 이유가 '불신'에 있음을 확인할 수 있었다. 사람들은 표면적으로는 치과 치료 과정에서 느끼는 통증을 두려워한다. 그러나 더 깊이 들어가 보면, 치료비가 지나치게 들쭉날쭉하다는 것에 대한 불만이 더욱 크다는 점을 발견할 수 있었다. 치과를 선택하는 가장 중요한 요소가 '과잉 치료를 하지 않는 곳인가'라는 점만 봐도 알 수 있다. 양심적인 병원을 뜻하는 '양심 치과'라는 표현은 존재하지만, '양심 내과'나 '양심 성형외과'라는 말은 거의 쓰이지 않는다. 많은 사람들은 치과를 신뢰하지 않는다. 그렇다면 어떻게 하면 이러한 불신을 해소하고 환자들의 신뢰를 얻을 수 있을까?

가치의 실체를 전달하는 방법: '정직'을 보여주다

우리는 해결책을 고민하다가, '어니스트 티(Honest Tea)'라는 미국의 차 브랜드를 떠올렸다. 이 브랜드는 이름처럼 '정직한 차'라는 콘셉트로 음료 시장에서 새로운 틈새를 찾아냈다. 기존 시장이 설탕과 인공 감미료로 가득한 달콤한 음료에 집중하고 있을 때, 어니스트 티는 설탕보다 몇 배나 비싼 꿀과 메이플 시럽을 사용하며 '덜 단 차'라는 새로운 시장을 창출했다.

브랜드의 본질이 '정직'이라면, 홍보와 마케팅 역시 그 핵심 가치에서 벗어나서는 안 된다. 어니스트 티는 이를 증명하기 위해 이른바 '양심 냉장고' 같은 이벤트를 열었다. 미국 전역에 무인 판매대를 설치하고, 고객들이 정직하게 값을 치르는 비율을 퍼센트로 환산해 각 주의 정직도를 경쟁 구도로 만들었다. 추상적인 '정직'이라는 가치를 직관적으로 전달하는 성공적인 마케팅 전략이었다.

그렇다면 치과도 어니스트 티처럼 '정직'을 브랜드의 차별점으로 내세울 수 있을까?

에버레인(Everlane), 와이즐리(Wisely), 칸투칸(Kantukan)처럼 제품 원가를 투명하게 공개하는 방식이 하나의 방법일 수 있다. 하지만 의료 서비스의 경우, 원가 공개는 현실적으로 어려운 부분이 많다. 그래서 우리는 이 치과에 '브랜드 북'과 '컬처 덱'을 만들자고 제안했다. 치과 원장은 윤리 의식에 기반한 정직한 치료의 중요성을 누구보다 잘 알고 있었다. 그러나 그 철학을 환자들에게 직접적으로 전달하는 것은 어려운 일이었다. 따라서 딱딱한 브랜드 북 대신 에세이 형식으로 브랜드의 가치와 철학을 담아내기로 했다. 또한, 의료진과 직원들이 어떻게 '정직하게' 일해야 하는지를 정리한 '컬처 덱'을 만들었다. 이는 단순한 매뉴얼이 아니라, 병원의 철학을 담아 직원들과 꾸준히 공유할 수 있는 '브랜드의 뼈대'가 될 것이었다. 이 치과는 앞으로 모든 브랜딩과 마케팅에서 '정직'을 핵심 가치로 삼기로 결정했다. 그리고 이를 실천하는 것이 환자들에게 신뢰를 쌓는 가장 중요한 과정이 될 것임을 깨달았다.

당신의 브랜드가 존재하는 이유는 무엇인가?

진정한 탁월함은 '정직'과 '정성'에서 시작한다. 의사가 환자를 진심으로 생각하는 마음이 있어야만, 그의 객관적인 의료 역량도 빛을 발할 수 있다. 최근, 아파트 공사비를 횡령하는 과정에서 철근을 빼버린 탓에 주차장이 무너져버린 사건이 있었다. 과연 좋은 아파트를 짓기 위해 가장 중요한 것이 '건축 기술'이었을까? 튼튼한 건물을 만드는 기술은 이미 정립되어 있다. 정말 중요한 것은 그 기술을 '정직하게' 활용하는가의 여부였다. 이 원칙은 건축뿐만 아니라, 모든 브랜드와 비즈니스에도 적용된다.

우리는 세상의 모든 브랜드가 각자의 존재 이유를 가지고 있다고 믿는다. 타인의 존재 이유를 알고 싶어 하는 마음, 그리고 끊임없이 삶의 동력과 두려움을 탐구하는 것이야말로 우리가 살아가는 이유 중 하나다. 브랜드도 마찬가지다. 제품과 서비스가 넘쳐나는 시대에서, 사람들은 단순한 필요를 채우기보다는 자신의 가치와 일치하는 브랜드를 선택한다.

배고픔을 해결하는 것이 가장 큰 가치였던 시절에는, 무엇이든 먹을 수 있는 것이 중요했다. 그러나 지금은 다르다. 사람들은 배고픔 이상의 다양한 욕구와 욕망을 가지고 살아간다. 우리는 제품과 서비스가 풍족한 세상에 살고 있기에, 역설적으로 브랜딩과 가치를 더욱 깊이 들여다본다. 그래서 마케팅의 정의도 단순히 필요를 채우는 것에서 사람들의 욕망과 가치를 채우는 과정으로 진화해왔다. 그렇다면, 당신의 브랜드는 왜 존재하는가? 당신이 제공하는 제품과 서비스는 어떤 가치를 담고 있는가? 이 질문에 대한 선명한 답을 찾아가는 과정이야말로, 이 시대가 요구하는 브랜딩의 본질이다.

당신은 어떤 OOO을 하고 있나요?

　사람들은 오랫동안 브랜딩, 마케팅, 광고의 차이를 명확히 정의하는 데 어려움을 겪어왔다. 많은 이들이 이 개념들을 혼동하며 동일한 활동으로 취급하는 경우가 많지만, 브랜딩은 차별화, 마케팅은 인식 형성, 광고는 노출이라는 명확한 차이가 있다. 이 세 가지 요소를 제대로 이해하지 못하거나 잘못 활용하게 되면, 불필요한 비용 지출과 전략적 실패를 초래할 가능성이 높다. 그렇다면 브랜딩, 마케팅, 광고는 각각 어떤 역할을 해야 하는가? 이를 더 깊이 이해하기 위해, 세 가지 사례를 통해 고민해보자.

브랜딩, 소비자의 숨은 필요에서 시작하는 것

우리 중 길성구 대표는 어느 날 문득 이런 생각을 했다. 그가 보기에 여름은 에어컨, 겨울은 보일러와 온수기 등을 계절별로 따로 구매해야 하는 제품과 서비스가 많았다. 그런데 서로 다른 업체에서 구매 및 설치하다 보니 고객들(특히 연세가 있으신 분들)이 이 부분에서 어려움을 겪고 있다는 것을 알게 되었다. 게다가 업체별로 구매와 설치 과정이 모두 달랐다. 그래서 그는 이 모든 프로세스를 간편화한, 투명하게 진행 가능한 한 업체에서 4계절 제품을 구매 및 설치 가능한 '더히트원'이라는 브랜드를 새롭게 만들었다. (The Hit One에서 One은 All In One의 마지막 단어를 따왔다)

이 브랜드 명은 나이가 적든 많든 간에 누구나 쉽게 알 수 있다는 점을 어필하기 위해 지은 것이다. 사실 지금까지 전국 설치가 완벽히 가능한 업체는 없었다. 지방은 고객이 제품을 구매하고 해당 지역에 설치가능한 업체를 따로 알아봐야 했다. 하지만 더히트원은 전국 어디든 동일한 설치비로 서비스가 가능했다. 그는 결국 고객의 숨은 니즈를 발견해 또 하나의 브랜드를 세상에 선보인 것이다.

브랜딩은 단순히 로고를 만들고 색상을 정하는 작업이 아니다. 소비자가 우리 브랜드를 선택해야 하는 이유를 명확히 제시하는 과정이다. 제품과 서비스가 넘쳐나는 시장에서 소비자는 단순한 기능이 아니라 브랜드의 철학과 가치를 기준으로 선택한다. 브랜딩이란 곧 차별화된 정체성을 구축하고, 고객과의 감성적 연결을 형성하는 일이다. 고객과의 감성적 연결은 기쁨, 낭만, 편의 등의 긍정적인 경험을 극대화하거나, 결핍, 외로움, 슬픔 등의 부정적인 감정을 해소하는 데 집중한다. 하지만 브랜드가 이러한 부정적 감정만을 과하게 이용할 때, 도덕적 아노미(규범 상실)가 발생할 수 있다.

'악한 브랜딩'도 존재할 수 있을까?

과거 한 소개팅 앱 회사의 내부 고발 사건이 이를 잘 보여준다. 해당 회사는 사람들의 '불안'과 '외로움'을 파고들어 남성 소비자들이 더 많은 비용을 지불하도록 유도했다. 이를 위해 여성인 척 연기하는 담당자를 운영하는 방식을 사용했다. 도덕적으로 명백히 잘못된 일이었지만, 회사 내부에서는 "애사심이 부족하다"며 내부 고발자를 비난했다. 만약 우리가 그 회사에 있었다면 어떻게 했을까? 직접적인 피해를 입힌 것은 아니니 눈을 감고 넘어갔을지도 모른다. 결국, 이 회사는 소비자의 '외로움'이라는 욕구를 채웠지만, 그 과정이 불친절하고 불투명했던 것이다. 브랜드가 가진 핵심 가치가 윤리적으로 정당한 것인지 고민해야 하는 이유다.

마케팅은 브랜딩을 기반으로 고객의 인식을 형성하고, 브랜드의 메시지를 효과적으로 전달하는 과정이다. 우리 중 박 대표가 브랜드 전문지에서 일할 때였다. 마케팅 팀에서 기발한 아이디어를 제안했다. 유통 과정에서 흠집이 생긴 책들을 '스크래치북'이라는 이름으로 판매하는 것이었다. 전집의 가격이 수십만 원에 달해 판매가 어려웠지만, '스크래치북'이라는 명목으로 가격을 절반으로 낮추자 순식간에 판매량이 급증했다. 하루 만에 1억 원 이상의 매출을 기록했다. 문제는 그다음이었다. 마케팅 팀장이 멀쩡한 재고들도 동일한 방식으로 판매하자고 제안했다. 그는 사장님 앞에서 격렬하게 논쟁했다. 결론이 어떻게 났는지는 그는 정확히 기억하지 못한다.

시간이 지나면서, 그는 당시 마케팅 팀장의 결정을 다시 생각해보게 되었다. 그는 개인의 이익이 아니라 회사의 생존, 즉 직원들에게 월급을 주기 위해 그 선택을 한 것이었다. 마케팅의 본질이 브랜드의 가치를 고객의 마음에 심는 것이라면, 그때 우리는 무엇을 놓쳤던 것일까? 이런 고민 끝에 내린 결론은, 강력한 브랜드는 흠집난 마케팅이 아닌, 고객과의 유대감에서 나온다는 점이다. 단기적인 판매 전략이 아니라, 고객과의 신뢰를 쌓아가는 과정이 되어야 한다.

광고는 브랜드를 구축하는 도구가 아니다

광고는 마케팅 전략의 일부로, 특정한 메시지를 소비자에게 전달하고 브랜드를 인지하게 만드는 역할을 한다. 네이버의 CPC 광고, SNS 배너 광고, TV 광고 등은 브랜드를 노출시키는 수단이지만, 광고 자체가 마케팅의 전부는 아니다. 많은 기업이 광고만으로 브랜드를 구축하려 하지만, 광고는 단순한 '노출'을 위한 도구일 뿐이다. 고객과의 지속적인 관계 형성은 마케팅과 브랜딩을 통해 이루어진다.

우리는 인스타그램에서 '당신도 월 천만 원을 벌 수 있어요. 지금 수강 신청 시 33% 할인!' 같은 광고를 자주 접한다. 정석대로 정직하게 사업을 운영하는 것이 어렵듯, SNS를 통해 사람을 모으고, 약속을 하고, 팬덤을 형성하는 일 역시 쉽지 않다. 하지만 이러한 광고는 '돈을 벌고 싶은 욕망'을 자극하며 많은 사람을 끌어들인다. 선택은 결국 개인의 몫이지만, 우리는 한 번쯤 고민해볼 필요가 있다. 과연 마케팅이란 무엇인가? 브랜딩이란 무엇인가? 수익 이상의 가치를 창출하는 것이 가능할까? 지속 가능한 경영이란 무엇일까?

이 질문에 대한 답할 수 없다면, 브랜드는 단순한 '판매 도구'가 될 수밖에 없다. 소비자가 브랜드를 선택하는 이유는 단순한 필요

충족이 아니다. 명품 브랜드가 단순한 옷이 아니라 사회적 지위를 상징하듯, 브랜드는 고객이 자신을 표현할 수 있도록 도와야 한다. 이제 브랜딩을 단순한 상업적 활동이 아니라, 가치를 공유하는 여정으로 이해해야 한다. 고객과의 정서적 연결이 형성된다면, 충성도를 이끌어내는 것은 시간의 문제일 뿐이다.

우리는 제품과 서비스가 넘쳐나는 세상에서 살아간다. 역설적으로, 그렇기 때문에 브랜드는 점점 더 브랜딩과 가치를 들여다보게 된다. 마케팅의 정의도 단순한 필요를 채우는 것이 아니라, 사람들의 욕망과 가치를 채우는 과정으로 진화해왔다. 그렇다면, 우리 브랜드는 왜 존재하는가? 우리가 제공하는 제품과 서비스가 가진 진짜 가치는 무엇인가? 이 질문에 대한 답을 찾는 과정이야말로, 이 시대가 요구하는 브랜딩의 본질이다.

3장. 시장과 소비자

시대의 욕망을 읽어라

　동네 빵집 '폴앤폴리나'가 문을 연 2008년은 글로벌 금융위기로 혼란스러웠던 시기였다. 홍대 앞 작은 골목, 15평 남짓한 공간에서 시작된 이 빵집은 설탕도, 버터도, 달걀도 사용하지 않은 식사빵을 만들었다. 특별한 맛도, 화려한 토핑도 없던 단순한 빵이었다. 장사가 쉽지 않을 것이란 예상이 많았지만, 브랜드는 언젠가 우리나라에도 식사빵의 시대가 올 것이라는 믿음을 버리지 않았다.

　변화는 서서히 찾아왔다. 2012년 한국인의 1인당 연간 빵 소비량은 78개였고, 2016년에는 90개로 늘어났다. 이제 많은 사람들이 빵을 간식이 아닌 식사로 즐기기 시작했다. 폴앤폴리나는 연희동의 작은 매장에서 출발해 여의도, 광화문, 더현대서울, 방이동으로 매장을 확장했다. 이제는 수많은 동네 빵집들이 각자의 개성을 가진 식사빵을 선보이며 성장하고 있다.

새로운 식문화의 탄생 – 샐러드가 밥이 되기까지

한 젊은 사업가는 뉴욕 출장길에서 샐러드의 대유행을 목격했다. 하지만 당시 한국에서 샐러드는 파스타와 함께 곁들여 먹는 사이드 메뉴일 뿐이었다. 샐러드가 한 끼 식사가 될 수 없다는 반대 의견이 많았지만, 그는 가로수길에 샐러드 전문점 '배드 파머스'를 열었다. 결과는 예상 밖이었다. 샐러드가 하나의 '주식'이 될 것이라 믿지 않던 시장의 예상을 깨고, 배드 파머스는 폭발적인 반응을 얻었다. 이제는 여성뿐만 아니라 건강을 챙기기 시작한 30~40대 남성들도 샐러드 매장을 찾는다. 1인 가구의 증가와 혼밥 문화의 확산은 이러한 샐러드 시장을 더욱 키웠다. '샐러디'와 '피그 온 더 가든' 같은 샐러드 전문 프랜차이즈들의 매출도 급격히 증가했다. 아보카도, 퀴노아, 계절 채소를 큼직한 볼에 담아 소스와 함께 비벼 먹는 샐러드는 이제 단순한 트렌드를 넘어 새로운 식문화로 자리 잡았다.

이제 사람들은 집에서 빨래를 하지 않는다. 2020년 기준 3,000여 개의 가맹점을 운영하는 크린토피아의 폐업률은 1% 미만으로, 업계에서 가장 낮은 수준이다. 하지만 이들이 사업을 시작할 당시, 사람들은 와이셔츠 세탁을 세탁소에 맡기지 않는 것이 일반적이었다. 특히 가정에서는 현모양처의 덕목을 지키려는 보수적인 사고가 강했다. 이러한 시장의 인식을 바꾸기 위해 크린토피아는 매장 앞에 와이셔츠를 줄줄이 걸어두었다. 생각보다 많은 사람들이 세탁소를 이용하고 있다는 사실을 소비자들에게 시각적으로 각인시키기 위한 전략이었다.

브랜드를 만드는 사람들에게 필요한 감각

1인 가구의 증가와 캐주얼한 패션 스타일의 확산은 세탁 문화를 바꾸었다. 크린토피아는 이러한 라이프스타일의 변화를 정확히 읽고, 시대의 흐름에 맞춰 사업을 확장했다. 브랜드를 운영하는 사람들은 단순히 제품을 만드는 것이 아니라, 사람들의 욕구와 라이프스타일이 어떻게 변화하는지를 읽어야 한다. 이것은 단순한 마케팅의 문제가 아니라, 심리학과 인문학의 문제이기도 하다. 그래서 29CM에서 카피를 쓰는 마케터들은 소설을 읽는다. 소설 속 문장에서 카피를 따오기 위해서다. 마켓컬리는 무려 스무 명 이상의 작가를 고용하고 있다. 그래서 마켓컬리의 상세 페이지는 남다르다. 이들 작가가 어떤 고민을 하는지를 상상해 보는 것은 어렵지 않다.

MZ세대가 열광하는 현상을 단순히 따라가는 것이 아니라, 그들이 가진 근본적인 욕구를 읽어야 한다. 이 세대를 지배하는 가장 큰 감정은 '두려움과 불안'이다. 좋은 학교를 나와도, 좋은 직장을 다녀도 안정된 노후를 보장받을 수 없다는 것을 이들은 이미 알고 있다. 그래서 이들이 부동산, 주식, 코인에 빠지는 것은 어찌 보면 당연한 현상이다. 소확행, 워라밸, 가심비 같은 유행어도 이런 배경에서 탄생했다.

브랜드는 제품이 아니라 메시지를 판다

최근 우리가 가장 관심 있게 지켜보는 브랜드 중 하나는 '올버즈(Allbirds)'다. 중요한 것은 단순한 신발이 아니라, 그 안에 담긴 메시지다. 우리는 단순히 카페를 열거나, 매장을 운영하는 것이 아니라, 소비자들에게 어떤 가치를 전달할지를 고민해야 한다. 이들은 탄소 배출을 최소화하기 위해 양모와 유칼립투스 나무로 신발을 만든다. 가벼울 뿐만 아니라 디자인까지 트렌디하다. 요즘 세대가 '가치 있는 소비'에 열광한다는 점을 정확히 이해한 전략이다.

그래서 폴인과 퍼블리 같은 온라인 매거진을 읽고, 매일 아침 스무 개 이상의 신문과 뉴스레터를 챙겨 본다. 한 주에 한 번은 인기 매장을 직접 찾아가 소비자들의 반응을 살핀다.

또한, 가족에게 새로운 제품을 보여주고 반드시 반응을 확인한다. 모두가 알고 있는 트렌드는 이미 끝물이라는 사실을 명심해야 한다. 진짜 트렌드는 전문가들의 어깨 위에서 세상을 읽을 때 보인다. 그곳에 새로운 기회가 숨어 있다. 폴앤폴리나의 식사빵, 배드파머스의 샐러드, 크린토피아의 세탁소, 그리고 올버즈의 친환경 신발까지. 모두가 시대의 변화를 읽고, 소비자들의 숨겨진 욕구를 발견한 브랜드들이다. 그러나 중요한 것은 단순히 트렌드를 따라가는 것이 아니다. 변화하는 시장 속에서도 어떤 철학을 담을 것인가, 소비자들에게 어떤 메시지를 전달할 것인가를 고민하는 것이 진짜 브랜딩이다. 우리의 브랜드는 어떤 가치를 전달하고 있는가? 그 가치는 단순히 매출이 아니라, 소비자들의 삶을 어떻게 변화시키고 있는가?에 대한 답이 될 수 있어야 한다.

칫솔을 파는 당신에게 '브랜딩'이 필요한 이유

그는 한때 전자 제품 판매사원이었다. 주 고객은 외국인 노동자들이었다. 그때 막 출시된 아이패드를 비롯해 주로 태블릿 PC와 카메라를 팔았다. 그때 우연히 그의 눈에 송풍구에 꽂아 쓰는 스마트폰 거치대가 들어왔다. 그때만 해도 스마트폰은 보통 조수석에 두거나 계기판 앞에 두는 경우가 많았다. 당시 그의 차량은 스마트폰을 거치할 수 있는 공간이 없어 항상 조수석에 스마트폰을 던져두고 운전했다. 가끔 급제동이나 커브길에서는 스마트폰이 차량 시트 아래로 떨어져 찾는데 애를 먹곤 했다.

그때 마침 편샵에서 판매하는 송풍구에 꽂아 쓰는 스마트폰 거치대를 발견했다. 순간 이거다 싶었다. 혹시나 해서 알리바바를 검색해보았다. 비슷한 디자인의 제품이 아주 저렴한 가격에 팔리고 있었다. 무역의 '무'자도 모르는 그는 구글 번역기와 얄팍한 영어 실력에 의존해 중국의 수출업자와 소통했다. 제품 원가에 비해 마진이 좋았다. 그리고 거짓말처럼 불티나게 팔려 나갔다. 사람들은 종종 그에게 묻는다. '어떻게 그렇게 초대박 제품을 발견할 수 있었냐'고. 그러면 그는 이렇게 답한다. '댓글과 Q&A를 살펴보라, 바로 거기에 사람들의 숨은 욕구와 욕망이 넘쳐나고 있다'고. 그는 바로 그곳에서 다양한 제품 카테고리와 산업별 트렌드를 쉽게 찾을 수 있었다.

새로운 아이템을 통한 확장

녹지 않는 얼음을 발견했을 때도 비슷했다. 이 제품은 이미 2013년에 한 번 시장에 풀렸던 제품이었다. 하지만 그 판매자는 더 이상 그 제품을 팔지 않고 있었다. 그런데 2015년에 다시 그 제품을 쿠팡에서 만났다. 다시 엄청나게 팔리고 있었다. 그래서 그는 알리바바를 찾았다. 예상했던 대로 훨씬 저렴한 가격의 아이스 큐브를 금방 찾을 수 있었다. 문제는 패키징이었다. 그 제품은 구성이 많지 않았다. 그냥 에어캡에 둘둘 말린 채로 함부로 팔리고 있었다.

그는 어떻게 하면 이 제품을 더 고급스럽게 보일 수 있을지를 고민했다. 기존 4개 세트 제품에 더해, 얼음집게가 들어 있는 8개 들이 세트를 새로 주문했다. '스카치 로얄 실버 에디션'이라는 그럴 듯한 이름도 붙였다. 로고를 만들고 패키징 박스도 새로 만들었다. 레이저로 로고를 새겨 넣었다. 그렇게 번개불에 콩 구워먹듯이 준비한 제품은 티몬과 위메프에서 무섭게 팔리기 시작했다. 그리고 상대적으로 판매량이 많지 않았지만 네이버에도 함께 올려두었다. 그러던 어느 날 네이버에서만 수백 개씩 팔리는 일이 일어났다. 도무지 이유를 알 수 없어 판매자에게 직접 물어보았다. 그랬더니 네이버 쇼핑 메인에 떠 있었다고 한다. 그렇게 4개월 동안 1억 8천만 원어치가 팔려 나갔다. 조금씩 판매에 자신이 붙기 시작했다.

브랜딩과 제품 개선

이런 경험을 바탕으로 아이템을 늘려가기 시작했다. 고양이를 위한 보온 방석을 팔았다. 여행용 목베개를 팔았다. 부피가 크지 않으면서 따로 인증을 받지 않아도 되는 제품이 주 타겟이었다. 2017년에 판매하기 시작한 이 제품은 지금까지 무려 10만 개 가까이 팔려나갔다. 누군가는 한국 시장이 좁다고 말한다. 하지만 그에게는 1,000만 대의 차가 돌아다니는 한국은 여전히 매력적인 시장이다. 굳이 아마존까지 진출할 필요를 느끼지 못할 정도로 판매할 수 있는 제품이 넘쳐난다.

목베개는 한국에 없는 디자인을 발견하고 바로 샘플을 주문한 케이스다. 그가 좋아하는 스타일은 아니었지만 나쁘지 않은 이 제품을 1,400개나 주문했다. 마침 잘 팔리고 있던 차량용 거치대 때문에 MD의 도움을 받아 첫 화면에 올릴 수 있었다. 이틀 만에 1,000개가 팔려나갔다. 와이프는 물론 장인어른과 처남까지 불러 택배 포장을 해야 했다.

그 다음 제품은 강아지 인형이었다. 마침 그 해(2018년)는 황금개띠의 해였다. 리트리버를 포함해 10가지 종류의 인형을 주문했다. 다시 한 번 수천 개가 팔려나갔다. 공기를 불어넣는 발 쿠션도 팔았다. 이쯤 되면 누군가는 궁금한 생각이 들 것이다. '제품을 많이 파는 것'과 '브랜딩'이 무슨 상관이 있냐"고. 그는 일단 잘 팔릴 만한 제품을 만나면 상표 등록부터 한다. 로고를 만들고 패키징을 새로 한다. 이렇게 나만의 브랜드를 만들고 나면 그 브랜드명에 한 해 독점적인 판매를 할 수 있었다.

브랜딩의 중요성

많은 스마트 스토어 판매자들이 중국산 제품을 들여와 한글 하나 없이 비닐 포장에 둘둘 말린 제품을 그대로 판다. 하지만 그의 생각은 달랐다. 최소한 한글 설명서는 넣어야 한다고 생각했다. 차츰 네이밍과 로고, 패키징에 신경을 쓰기 시작했다. 그 다음엔 상세 페이지와 카피의 톤앤매너, 브랜드 컬러까지 고민하기 시작했다.

판매만을 생각해서는 자신만의 브랜드를 만들 수 없다. 하지만 일단 나만의 브랜드를 만들면 그 브랜드 명에 대해서는 독점적인 지위를 누릴 수 있다. 그리고 그 브랜드를 믿고 구매하는 팬덤들이 만들어진다. 그는 이것이 바로 흔히들 말하는 '브랜딩'이라고 생각한다. 그렇다면 로고나 네이밍만 새로 한다고 제품이 팔릴까? 그건 아니다. 그는 많이 팔리는 제품들의 댓글과 Q&A 등을 유심히 살핀다. 그리고 그 제품을 직접 구매해 써보고 어떤 추가적인 필요가 있을지를 항상 고민한다. 그 제품의 넥스트 스텝을 생각해보는 것이다.

많은 이들이 검색 데이터에 목을 메곤 한다. 물론 데이터는 팩트이고 더 없이 중요한 정보이다. 하지만 문제는 모두가 그 정보를 본다는 것이다. 그 정보에 더해서 나만의 직관을 키워야 한다. 정보는 차고 넘친다. 하지만 우리는 그 다음 넥스트 스텝을 고민할 수 있어야 한다. 그것이 팔리는 제품을 발견하는 기본 중의 기본이다. 그런데 많은 사람들이 현재의 데이터에만 매달리는 모습을 본다.

  많은 이들이 궁금해 한다. '어떻게 해서 스마트 스토어를 통해 1등 제품을 판매할 수 있었냐'고 말이다. 물론 그 이유를 한 가지로 말할 수는 없다. 빠른 배송과 재고 관리, 친절한 CS는 기본 중의 기본이다. 로고와 네이밍도 그에 못지 않게 중요하다. 기본적인 기능은 물론 카피라이팅에도 신경을 써야 한다. 상세 페이지에는 다른 제품에서는 볼 수 없었던 차별화 요소가 반드시 들어가 있어야 한다.

대박 상품과 그 이후

  그는 한 번 더 성공했다. 직관과 차별화로 탄생한 대박 상품이 바로 '월간 칫솔'이다. 좋은 칫솔은 제때 교체하는 칫솔이라는 단순하고 명확한 메시지로 네이버 스마트 스토어에서 1등을 했다. 총 판매량은 50만 개를 헤아린다. 구매 전환율은 무려 10%에 달한다. 보통 대기업의 광고 제품은 1%만 해도 놀라고 3%면 대박 상품으로 친다. 하지만 월간 칫솔이 처음부터 그렇게 잘 팔리던 상품은 아니었다. 다만 기존의 히트 제품들 덕분에 우직하게 밀고 나갈 수 있었다. 그는 이 제품에 대한 사람들의 니즈에 확신이 있었다.

그는 돈을 벌려고 제품을 팔지 않았다. 자신이 필요한 제품들을 찾았고, 거기에 브랜드를 더했다. 초도 주문 28,800개라는 어마어마한 도박을 할 수 있었던 것도 '좋은 칫솔'에 대한 나만의 기준이 명확했기 때문이다. 매달 교체하는 월간 칫솔의 아이디어에 확신이 있었기 때문이다. 그리고 이런 믿음을 실현하기 위해 우리 중 한사람과 함께 네이밍과 카피를 고민했다. 상세 페이지에 1인 기업으로서는 엄두도 못 낼 투자를 할 수 있었다.

중요한 것은 시장의 트렌드를 찾는 것이다. 사람들의 숨은 욕망을 읽어낼 수 있어야 한다. 그리고 그에 맞는 제품을 선별할 수 있는 안목이 필요하다. 단순히 제품을 파는데 그쳐서는 안 된다. 그 제품의 필요와 시장의 욕망을 반영한 '브랜드'를 만들 수 있어야 한다. 그것이 이 무한 경쟁의 시장에서 살아남는 유일한 길임을 잊어선 안 된다. 브랜드는 결코 이름 있는 큰 회사들의 전유물이 아니다. 나 같은 작은 기업에도 반드시 필요한 대체 불가의 솔루션이다.

이제 '브랜드여지도'를 그려보자

브랜드를 다룬 책은 많다. 전문가들이야 말할 것도 없고, 심지어 평범한 유튜버들도 '당신도 브랜드가 될 수 있다'는 말을 서슴없이 한다. 그 말을 들을 때면 가끔 당혹스러움을 느끼게 된다. 우리 중 박요철 대표는 15년간 브랜딩에 대해 공부하고 컨설팅을 해왔다. 그런 그도 이런 말을 들을 땐 여전히 어렵고 모호하다고 느끼곤 한다. 무엇보다 중요한 것은 그 동네(브랜드)의 큰 그림을 확대해서 보는 것이다. 내가 서 있는 곳과 가야 할 곳이 선명할 때, 우리는 비로소 확신을 가지고 발걸음을 내딛을 수 있기 때문이다. 이건 마치 김정호 선생님이 전국 팔도를 돌아다니며 완성한 '대동

여지도'를 연상케 한다. 브랜딩이란 먼 길을 걷기 위해 일단 필요한 것은 이 브랜드 여지도를 머릿속에 각인시키는 일이다. 그렇다면 하나의 브랜드를 완성하기 위해 어떤 길을 걸어야 할까?

1. 시장의 필요를 알아야 한다

시장 조사를 단순히 벤치마킹으로 이해하는 사람들이 많다. 물론 틀린 말은 아니지만, 이미 아이템과 업종을 정해두고 유명한 가게를 방문하는 정도의 벤치마킹만으로는 부족하다. 시험으로 치면 일종의 객관식 문제 풀이와 같은 것인데, 정말로 필요한 것은 주관식 문제에 답하는 것이다. 더 정확히 말하자면 세상 사람들이 가진 '문제'를 발견하는 것이다. 좋은 질문이 좋은 답을 만든다. 그래서 필요한 것이 일상의 관찰이다.

월요병에 걸린 어느 회사 직원은 어느 날 '다른 사람들도 월요일 출근을 힘들어하지 않을까?'라는 질문을 스스로 던졌다. 그리고 이에 대한 답으로 재미있는 양말 브랜드를 기획했다. '아이헤이트먼데이'의 탄생이다. 월요일 만큼은 '양말'이라도 내가 좋아하는 걸 신어보자는 취지였다. 그냥 좋은 양말을 만들기로 했다면 아마도 수없이 많은 기존 제품들과 경쟁해야 했을 것이다. 그러나 우울한 월요일의 해법을 제시하자, 이들이 만든 시장은 시작부터 차별화되었다. 그리고 이 모든 문제 제기의 시작인 바로 당신이다. 브랜딩이란 결국 당신이 불편한 것, 부족한 것, 고민되는 것에서부터 시장과 세상이 필요로 하는 것들로 확장되어야 한다.

2. 브랜드의 포지션을 정해야 한다

'꿀빠는시간'의 이혜미 대표는 자신이 만든 꿀이 둔탁한 단지에 담기지 않길 바랐다. 젊은 층들이 쉽고 간편하게 먹을 수 있기를 바랐다. 그래서 그녀는 가로 세로로 선을 그어 사분면을 만들었다. 가로선의 양쪽은 기능과 경험, 세로선의 위아래는 저가와 고가로 구분했다. 그리고 고가와 경험에 치우친 곳에 자신의 브랜드를 위치시켰다. 이것이 바로 포지셔닝이다. 단지형 꿀보다는 고가의, 기존의 소포장 스틱꿀보다는 경험을 중시하는 '꿀빠는시간'은 이렇게 탄생했다.

기존의 꿀들은 건강과 관련한 효능과 생산지 정보와 같은 기능적 부분만을 강조했다. 하지만 그녀는 꿀을 하나의 즐거운 경험으로 소비자들에게 인지시키고자 했다. 시장에서 화려하게 부활한 '푸마'는 거리에서 힙합을 추는 사람들의 니즈에 부합하는 패션성을 강조한 신발을 만들어 재기의 길을 걸었다. 룰루레몬은 운동을 넘어 레저 생활도 즐길 수 있는 '애슬레저' 시장을 새로 만들었다.

가능하다면 새로운 제품이 아닌 새로운 '카테고리'를 만들어야 한다. 일종의 블루오션을 만들어내는 것이다. 존재 자체가 차별화된 브랜드만큼 강력한 것도 없다. '블루보틀'이 사랑받는 이유는 기존의 스타벅스와는 전혀 다른 커피 시장을 새로 열었기 때문이다.

3. 브랜드 아이덴티티와 컨셉을 정의해야 한다

많은 사람들이 어렵게 생각하는 용어들이 바로 이런 것들이다. 그러나 겁먹을 필요는 없다. 의사들이 스스로를 차별화하기 위해 '콧물'과 '재채기' 같은 용어들을 라틴어로 부르는 것처럼, 이것이 나쁜 것만은 아니다. 일종의 플라시보 효과를 주기도 한다. 브랜드 아이덴티티란 결국 당신이 만든 제품과 서비스의 정체성, 즉 자기다움에 관한 정의이다. 더 쉽게 말하자면 당신이 제품과 서비스를 통해 세상에 전하고자 하는 메시지이다.

'꿀빠는시간'은 번아웃에 빠진 사람들에게 '휴식'을 전하고자 했다. '아이헤이트먼데이'는 월요병에 걸린 직장인들에게 '일상의 즐거움'을 주고자 했다. 결국 사람들에게 정말 전하고 싶은 핵심 키워드가 아이덴티티인 셈이다. 꿀이 아닌 휴식, 양말이 아닌 즐거움이라는 명확한 키워드는 다른 말로 '컨셉'이라고 부를 수 있다. 전문 용어들의 미묘한 차이를 구분하기 위해 너무 힘쓰지 말자. 중요한 것은 당신이 만든 브랜드를 '한 마디'로 표현할 수 있는 단어가 있느냐는 것이다.

프로스펙스는 걷기 열풍이 일던 시절 러닝화와 비슷한 신발을 만든 후 '워킹화'라고 이름 붙였다. '이니스프리'는 중저가의 자연주의 화장품에 '제주'라는 컨셉을 부여한 후 엄청난 성공을 거두었다. 백세주는 자신이 술임을 망각하고 스스로에게 '건강'이라는 컨셉을 부여했다. 만약 당신에게 가장 중요한 가치가 '여유'라면 어떤 브랜드를 만들더라도 그 제품과 서비스에서 그 여유를 발견하고 경험할 수 있어야 한다. 이것이 바로 브랜드의 아이덴티티와 컨셉을 도출하는 키워드가 될 것이다.

4. 아이템과 입지를 정하고, 제품을 생산하고, 가게를 오픈해야 한다

굳이 뻔한 순서를 나열하는 이유는 많은 사람들이 4번을 시작한 후에야 앞선 1, 2, 3번을 고민하기 때문이다. 하지만 분명한 컨셉이 정해지면 브랜드와 네이밍, 로고 디자인, 제품의 패키지 디자인, 가게의 인테리어 디자인 등이 훨씬 쉬워진다. 홈페이지에 들어갈 콘텐츠들, 홍보 전단지와 브로셔에 들어갈 카피와 메시지, 스토리들을 일관된 톤앤매너로 명쾌하게 쓸 수 있다.

교대역 근처에 있는 '내인생치과'의 핵심 메시지는 '만족'이다. 그래서 치료를 마친 초등학생 아이도 무심히 들어와 만화책과 귤을 까먹고 갈 수 있는 친근하고 편안한 병원 분위기가 만들어졌다. 두려움을 안고 치과를 방문한 환자들은 '치실'과 같은 선물을 받을 수 있는 일종의 '뽑기' 게임을 할 수 있다. 이러한 작은 장치들은 환자들이 이 병원에서 충분한 만족감을 느끼고 가게 하려는 노력의 일환이다. 빠르고 저렴한 '치료'를 약속하는 병원은 많다. 하지만 병원 구성원과 환자들의 '만족'을 고민하는 병원은 치료 시 어른도 안을 수 있는 인형을 준비해 환자에게 건넬 수 있다.

이처럼 명확한 컨셉은 로고와 네이밍, 패키지와 인테리어 디자인에 기준을 제시할 수 있다. 앞서 소개한 병원의 카피는 '내 인생 가장 만족한 치과를 만납니다'이다. 그리고 이것이 가능한 이유는 이 병원의 부부 원장이 나름의 선명한 가치와 철학을 가지고 있기 때문이다. 그저 크고 예쁘고 화려한 인테리어만으로는 환자를, 손님을, 소비자를, 고객을 이끌 수 없다. '그들만의' 매력이 없기 때문이다.

5. 판매와 유통을 위한 채널을 개척하라

제품을 생산하고 가게를 오픈하면 어떤 사람은 매일 해야 할 일들에 묻혀 일종의 심리적 아노미(혼란과 무질서) 현상을 겪게 된다. 당연한 과정이다. 수많은 손님들의 불평 불만, 원료 수급, 말썽 피우는 직원, 매출과 원가 계산, 홍보 전단지 배포, 자잘한 주방 문제 등을 해결하느라 정신이 없을 것이다. 그래서 필요한 것이 일종의 테스트 기간이다. 만약 당신이 만든 브랜드가 배송이 가능한 물건이라면 크라우드 펀딩부터 시작해보라. 수많은 문제에도 불구하고 펀딩은 제품 없이 매출을 일으킬 수 있는 최고의 솔루션이다. 시장의 필요를 확인하는 동시에 제품이 가진 치명적인 결격 사유를 미리 발견할 수 있다. 제품 생산을 위한 소액의 자본을 미리 유치할 수 있다. 자신이 만든 브랜드의 컨셉과 메시지, 스토리텔링이 시장에서도 통할 수 있을지를 미리 확인해볼 수 있다. 홍보는 물론 마니아 고객을 우선 유치할 수 있는 이점도 있다.

펀딩을 선호하는 고객들은 모험심과 호기심이 많은 일종의 얼리어답터들이다. 이들은 전쟁으로 치면 일종의 선봉대인 셈이다. 이 시장에서도 반응이 없다면 제품을 출시해서도, 가게를 오픈해서도 안 된다. 페이스북, 인스타그램, 블로그나 트위터 같은 SNS 채널도 이런 용도로 활용해야 한다. 그저 남들이 하니 나도 유튜브나 해볼까 하는 생각으로 절대 가볍게 생각지 말라. 이 작은 전투에서 승리한 사람만이 진짜 전쟁에서 살아남을 수 있기 때문이다.

6. 팬덤을 모으고 커뮤니티를 구성하라

우리 중 박요철 대표는 '스몰 스텝'이라는 책을 쓴 후 가장 먼저 5명의 찐 독자들을 모아놓고 소박한 강의를 진행했다. 그렇게 만난 그들은 서로 비슷한 고민을 안고 있는 사람들임을 알았고, 그 덕분에 친해질 수 있었다. 그렇게 수개월에 걸쳐 만나다 보니 어느새 이 작은 모임은 1,000여 명의 커뮤니티로 성장할 수 있었다.

스위트리라는 동네 과일 가게는 '밴드'를 통해 다양한 과일 정보를 나누고 고객들과 소통한다. 어떤 가게 사장님은 맘카페를 집중 공략해 동네 아줌마들의 오빠로 불리고 있다. 어차피 신문, 잡지, TV 광고를 통해 한 방에 고객을 유치하는 매스미디어 시장은 종말을 고하고 있다. 그럴수록 비슷한 취향과 니즈를 가진 충성 고객들을 모으는 일이 더욱 중요해지고 있다. 이렇게 1,000명의 팬덤을 모은 브랜드는 '생존'을 넘어 '성장'의 단계로 나아갈 수 있다.

이들은 단지 제품을 팔아주는 고객, 그 이상의 가치를 가진 존재이다. 브랜드 런칭 후 일어날 수 있는 다양한 사건 사고에 맞서 대신 싸워줄 수 있는 우군이 되어 준다. 그곳 좋더라, 너도 한 번 써봐, 와 같은 바이럴 마케팅의 최전선에서 싸워주는 선봉대가 되어 준다. 돈을 주고 하는 키워드 마케팅보다 이런 팬덤과 커뮤니티 구축에 힘쓰는 것이 중요한 이유도 바로 이 때문이다. 그리고 이런 힘있는 커뮤니티 구축을 위해 필요한 것이 바로 앞서 강조한 시장의 필요와 브랜드 아이덴티티, 컨셉의 힘이다. 나와 비슷한 문제의식, 가치, 철학을 가진 사람들이야말로 평생 함께할 수 있는 고객이 된다.

7. 시장의 반응과 피드백을 겸허히 수용하라

그 다음은 고객들의 다양하고도 리얼한 피드백에 귀를 기울이는 일이다. 뼈 때리는 리뷰를 만날 때면 감사한 마음을 안고 춤을 추어야 한다. 온라인 마켓이라면 노출 대비 클릭수를 확인하고 이른바 '좋댓구'(좋아요, 댓글, 구독하기) 숫자를 날마다 점검해야 한다. 박요철 대표는 한때 자신이 다니던 회사 페이스북을 직접 운영하면서 이런 꼼꼼한 운영이 가진 유익을 다양하게 체험할 수 있었다. 그는 악성 댓글을 단 사람은 직접 연락하거나 찾아가 조언을 구했다. 다양한 방식으로 콘텐츠를 작성하고 반응이 있는 내용들은 확대 재생산했다. 공유할 수 있는 정보들을 정리해 무료로 뿌렸다. 그러자 무조건적인 지지를 보내주는 다양한 찐팬들도 만날 수 있었다. 심지어 우리나라 최고의 광고 회사, 중앙 일간지, 잡지 회사 등에서 인수 의사를 타진해왔다. 재벌그룹의 계열사 사장님은 페이스북 메시지로, 광고 회사 대표는 트위터로 프로젝트를 제안해왔다. 이 과정을 기록해 다시금 콘텐츠로 홍보와 강연의 자료로 활용했다.

말이 쉽지 박 대표에게 이 과정은 결코 순탄치 않았다. 뜻밖의 부정적인 반응으로 마음을 졸인 날도 셀 수 없이 많았다. 그러나 이 과정을 함께한 고객들이야말로 브랜드의 가장 큰 자산임을 깨닫는 데 오랜 시간이 걸리지 않았다. 그러니 우리 브랜드의 정체성, 컨셉, 시장과 고객들의 문제의식과 반응을 꼼꼼히 기록하고 정리하여 반영하자. 앞서 나열한 '브랜드 여지도'의 여정을 되짚어보며 더 좋은 길이 없을지 고민하고 또 고민하자. 스마트폰도 GPS도 없었던 김정호 선생님이 맨손, 맨발로 이 일을 해내지 않았던가? 수없이 많은 전문가와 책, 사례들에 둘러싸인 우리라면 못 할 이유가 전혀 없다. 이제 지도를 보고 내가 서 있는 위치와 가야 할 곳을 쳐다보며, 매일 새벽 언발을 녹이며 그 기나긴 여정을 나섰을 누군가를 떠올리며 나아가자. 부디 이 글을 읽는 당신의 브랜딩 여정에 행운이 함께하길 바란다.

4장. 핵심자원과 활동

양재역 맛집, 솥두껍을 아시나요?

'솥두껍'의 김기엽 대표는 그가 햄버거 프랜차이즈 이사로 일할 때 우리를 만났다. 그는 우리 수업을 찾아 들어주었고, 함께 햄버거 브랜딩 작업도 했다. 그런 김 대표가 독립을 결심했을 때, 우리는 그의 성공을 전혀 의심하지 않았다. 스타트업과 프랜차이즈 브랜드에서 이미 거둔 성공이 화려했기 때문만은 아니었다. 김 대표는 그 누구보다도 사업에 있어 치밀한 전략가였기 때문이다.

치밀한 전략가, 김기엽 솥두껍 대표

김 대표는 햄버거 브랜드에서 주로 새로운 매장의 입지를 발견하는 일을 했다. 다행히 그는 이 일을 즐길 뿐만 아니라 이를 자신의 '역량'으로 발전시켰다. 즉, 전국 상권에서 장사가 잘 될 법한 입지를 보는 눈을 자연스럽게 훈련한 것이다. 그는 여기에서 그치지 않았다. 자신이 10여 년간 익힌 외식업 노하우를 블로그에 녹여내며, 결국 프리미엄 콘텐츠를 생산하는 자리에까지 올랐다.

이 뿐만이 아니었다. 프랜차이즈 브랜드 임원으로 일하면서도 자신의 고깃집을 따로 운영했다. 급기야 인스타그램과 릴스의 성공을 예측하고, 자신의 계정에서 백만 단위의 성공한 콘텐츠를 터뜨리기 시작했다. 심지어 다른 외식업자들에게 돈을 받고 광고를 받는 계정을 만들어냈다. 만약 그가 식당을 운영한다면, 외부에 광고를 주지 않고 자신의 채널에서 마음껏 홍보할 수 있는 환경을 만들어버린 것이다.

솥두껍 오픈 전략: 고깃집과 브랜드 스토리

이번에 '솥두껍'을 오픈할 때도 우리는 김 대표와 함께 컨셉, 전략, 스토리텔링을 연구했다. 한국에서 가장 안정적인 외식업은 바로 고깃집이다. 해산물에 대한 불신과 더불어, 아직은 다양한 확장이 가능한 아이템이며, 한국인의 루틴과 리추얼에 적합한 메뉴이기 때문이다. 우리는 여기에 '두꺼비'에 관한 우화를 접목했다. 부뚜막에서 제물로 바쳐진 주인공을 지켜주던 설화에서 솥두껑을, 그리고 두꺼비를 가져왔다. 이 이야기는 스토리텔링이 가능하기 때문에 적합했다.

게다가 두꺼비는 우직하고 두툼한 이미지와 함께 신뢰와 친근한 이미지를 가지고 있지 않은가. 이런 이미지는 상호와 로고뿐만 아니라 솥뚜껑의 손잡이나 하이볼 잔의 디자인에도 그대로 녹아 있다. 김 대표는 고깃집 중에서도 저가형 고깃집으로 포지셔닝을 잡았다. 하지만 저가에서 주지 못하는 일관된 브랜드 이미지와 풍성한 메뉴를 제공하기 위해 이러한 브랜드 아이덴티티를 추구한 것이다. 그 결과, 대박의 성공을 거두었다.

'솥두껍 양재본점'의 성공적인 자리 잡기

현재 '솥두껍 양재본점'은 네이버 양재역 맛집 검색 결과에서 4번째로 뜨고 있다(상단 2개는 광고). 최근 들어 본점과 첫 번째 프랜차이즈점이 최고 매출을 갱신하기도 했다. 그러나 단순한 오픈 효과로 치부하기에는 이 고깃집 브랜드의 치밀한 준비와 전략이 얼마나 차별화되었는지를 알아야 한다. 이처럼 성공하는 식당 브랜드들이 얼마나 많은 공부를 하는지 알고 나면, 유명한 가게들을 바라보는 여러분의 눈빛이 달라질 것이라고 확신한다.

격투기 선수 출신 고깃집 사장님이 브랜딩을 한다면?

　박요철 대표는 최근 고깃집 사장님을 만났다. 유도와 격투기를 했던 분이라, 만나던 당일에도 스쿼트만 500개를 하고 오셨다고 한다. 나이를 물어봤을 때, 깜짝 놀랄 만큼 자기 관리에 철저한 분이셨다. 항상 웃는 얼굴에 사투리마저 귀여운 이 분은, 그런데 정말 '고기'밖에 모른다. 식당 근처에 있는 7평 남짓한 연구소에서 하루 종일 고기 숙성에만 매달리고 있었다. 그래서인지 손님 응대는 영 서툴다. 운동한 몸에 놀라는 손님들 때문에 홀에 나가는 경우도 드물다고 한다. 무엇보다 고기를 보고 썰고 할 때가 가장 행복하다고 한다.

고기와 숙성의 매력

박 대표는 사장님을 처음 만났을 때를 떠올렸다. 처음부터 끝까지 고기와 숙성에 관한 이야기만 했다. 오직 고기 하나만 생각하는 사람 같았다. 워낙 많은 사장님들을 만났던지라 약간은 허언인 줄 알았다. 다만 유도하는 말이 매일 먹어도 질리지 않는다니 궁금하긴 했다. 같이 운동하는 선수는 물론 교수님까지 매번 고기를 먹으러 온다고 하니 호기심이 일었다. '고기는 고기서 고기다'라는 말도 있지 않은가. 집에 들고 와서 종류별로 구워 먹었다. 당일은 별 표정이 없던 딸이 그 다음날 이렇게 말했다.

"아빠, 그 고기 대박이야."

이 집 고기는 특이하게 된장과 효소로 숙성을 시킨다. 핏물을 완전히 뺀 후, 건조를 막기 위해 된장을 바르고 발효된 효소로 핏물의 빈 자리를 채운다. 그래서인지 목살도 맛있다. 이 집 목살은 구운 뒤 오래 두어도 촉촉하다. 에어프라이어에 구워도 그 식감이 살아 있었다. 와이프가 여행을 가는 친구 집에 얼마간의 고기를 보냈다. 아니나 다를까, 다음 날이 되자 고기를 좀 더 구할 수 없냐는 연락이 왔다. 이쯤 되니 우리조차도 고기에 대한 자부심이 생긴다. 문제는 마케팅이었다. '좋은데 어떻게 알릴 방법이 없을까'를 고민하게 되었다. 그래서 생각난 것이 바로 '커피 리브레' 같은 로스터리 회사였다.

브랜딩과 마케팅의 실전 경험

커피 리브레는 사장님이 유명하다. 전 세계 커피 로스팅 대회에서 우승을 한 실력자이기 때문이다. 그래서 이 회사는 매장보다 커피 납품에 집중한다. 커피 리브레의 로고를 단 제품들이 전국의 카페에 공급된다. 이 사례를 말씀드리니 다행히 고깃집 사장님과 사모님에게 공감을 얻을 수 있었다. 매장을 운영하는 데 부담을 느끼고 있었기 때문이다. 무엇보다 잘하는 일에 집중하는 게 옳다고 생각하고 계셨다. 그래서 우리는 와디즈 펀딩을 제안했다. 건너 건너 아는 사람들이 고기 맛만 보고도 만족한다면 승산이 있겠다고 판단했다. 그냥 후라이팬에 구워도 맛있는 고기라면 온라인 판매도 문제없을 것 같았다.

여러 식당과 가게를 만나면서 매번 평범한 사실들이 진리임을 깨닫게 된다. 예를 들어, '고기리막국수'는 맛도 맛이지만 그 분위기 때문에 사람들은 그 먼 길과 긴 웨이팅을 감내하고 기다린다. 대갓집 잔치에 조용히 초대받은 기분이랄까. 단순한 막국수인데도 파인다이닝 식당 메뉴처럼 고급스러움이 느껴진다. 그러니 아무리 비슷한 맛의 막국수를 제품을 개발해도 그만큼의 매력은 느끼지 못한 게 사실이다. 고기리막국수의 장점은 그 맛을 넘어선, 손님을 대하는 매장의 분위기와 '환대'에 있기 때문이다.

브랜딩은 실전에서 배운다

하지만 이 고깃집의 장점은 다름 아닌 숙성의 맛이다. 미맹이 아니라면 금방 느낄 수 있을 정도로 그 차이가 확실하다. 그러니 이 두 식당의 마케팅, 브랜딩 전략은 달라야 한다. 이 고깃집은 맛을 돋보이게 하는 패키징이 가장 중요하다고 보았다. '그랩앤고' 시스템도 도입해볼 만하다 싶었다. 고기를 먹고 나면 누군가에게 선물하고 싶은 생각이 든다. 춘천감자빵이나 노티드 도넛처럼 선물하기 좋은 메뉴가 될 수 있다. 과연 이런 아이디어들이 통할 수 있을까? 아마도 연말쯤이면 그 결과를 볼 수 있지 않을까 싶다.

이론이 아닌 실전에서 브랜딩을 배우고 있다. 이 고깃집 사장님은 우리 중 박요철 대표가 운영하는 유튜브에 한 번 출연하고선 온

몸이 땀에 젖었다고 한다. 장단점이 확실한 분이다. 이런 숨은 고수들을 만나면 온몸의 세포가 하나하나 살아나는 것을 느낀다. 글을 쓰기도 참 편하다. 와디즈에 어떤 식으로 글을 쓸지가 선명하게 그려진다. 있는 그대로 쓰되, 되도록이면 쉽게, 장점이 돋보이도록 쓰면 되는 것이다. 그게 바로 나의 장점이다. 누군가는 환대를, 누군가는 연구를, 누군가는 소통을 하는 것이다. 그리고 이게 바로 그들만의 브랜딩임을 깨닫게 된다.

'역전회관'은 어떻게 100년 식당이 될 수 있었나?

　역전회관은 3대에 걸쳐 100여 년의 역사를 자랑하는 유서 깊은 식당이다. 얼핏 보면 순탄하게 가게를 이어온 것처럼 보이지만, 현 대표님께 사연을 듣고 보니 폐업의 위기가 한두 번이 아니었다고 한다. 용산 재개발로 더 이상 식당을 유지할 수 없는 상황이 찾아왔고, 단순히 이전하면 될 것 같았지만 3대 사장님은 더 이상 식당 운영을 하지 않겠다고 결단을 내린다. 그런데 문제는 당시 군 입대를 앞두고 있던 아들이 가게를 이어가겠다는 뜻을 밝혔다는 것이다. 아들은 어머니에게 부탁을 했고, 그렇게 가게는 마포로 이전하게 되었다. 문제는 시아버지인 2대 사장님도, 남편인 3대 사장님도 이를 극구 만류했다는 점이다. 결국, 남편 대신 식당을 운영하는 지금의 사장님은 창업에 가까운 이전을 하게 되었고, 그 당시 나이 마흔 여덟이었던 사장님은 식당 일에 관심이 없던 며느리가 운명처럼 역전회관의 3대를 이어가게 되었다.

식당의 위기와 회복

그러나 예상치 못한 곳에서 문제가 생겼다. 이전 가게와 똑같은 고기와 양념을 사용했지만, 원래의 맛을 재현할 수 없었던 것이다. 오랜 단골들이 실망하고 떠나기 시작했고, 10개월 동안 매달 수천만 원의 적자가 이어졌다. 한때 사랑받던 며느리였던 지금의 사장님은 극단적인 선택까지 고민할 정도로 엄청난 스트레스를 경험했다. 그렇게 매일 두 번의 시식을 하며 원인을 찾던 대표님은 결국 답을 찾아냈다. 그 원인은 크게 두 가지였다.

첫 번째는 냉장고였다. 본점의 냉장고는 하루에도 수없이 여닫는 과정에서 정상적인 온도보다 약간 낮아져 있었다. 이로 인해 고기의 숙성 정도에 영향을 미쳤다. 두 번째는 화구였다. 오랜 영업으로 기름때가 쌓여 일부 구멍이 막혀 화력이 상대적으로 약해졌기 때문이다. 그런데 이전 후 새 제품들을 쓰다보니 온도가 맞지 않아 맛이 달라졌던 것이다. 그래서 사장님은 모든 식당 기자재를 본점에서 쓰던 것고 같은 중고로 교체한 후, 마침내 원래의 맛을 찾게 되었다. 식당 이전 후 1년 만에 알게 된 내용이었다.

하지만 100년을 이어온 이 식당의 진짜 저력은 다른 곳에 있었다. 1929년 장사를 시작한 1대 사장님은 노숙자가 오면 따로 한 상을 차려주었다고 한다. 주변에 있던 사창가로 인해 조폭들이 식당을 찾는 일도 많았으나, 당시 사장님은 이들에게 직언을 할지언정 절대 홀대하지 않았다고 한다. 그래서인지 강제 이전 당시에도 조폭들의 도움으로 무려 1년 이상 영업을 이어갈 수 있었다. 만약 이 시간이 없었다면 새로운 식당이 그 맛을 되찾는 것은 불가능했을 것이다. 노숙자와 조폭에게도 이렇게 정성을 기울였으니, 일반 손님들에게는 얼마나 더 정성을 다했을지 짐작할 수 있다. 어떤 손님은 지금도 1대 사장님을 기억하며 한때 연모했노라고 고백할 정도다. 사람들은 톰 크루즈가 방문한 유명 식당 정도로 역전회관을 기억하지만, 지금의 사장님은 1대 사장님이 사람들에게 쌓은 덕이 지금의 식당을 만들었다고 고백하고 있다.

트렌드와 지속 가능한 경영

오늘날 대부분의 식당은 평균적인 맛을 낸다. 돈만 주면 정확한 레시피도 쉽게 구할 수 있기 때문이다. 그러다 보니 맛보다는 컨셉과 인테리어, 규모로 승부하는 가게들이 자주 눈에 띈다. 그러나 이런 식당들은 트렌드가 지나가면 금세 사라지기 마련이다. 반면, 설렁탕, 순대국, 고깃집처럼 서민들이 자주 찾는 식당들은 소리 없이 '지속 가능한' 경영을 이어간다. 이처럼 지금의 외식업은 크게 두 가지 방향으로 창업이 이루어진다. 트렌드에 민감한 아이템과 인테리어로 치고 빠지는 경영을 할 것인지, 아니면 자신의 이름을 걸고 오래 가는 작은 가게의 길을 걸을 것인지를 미리 정하는 사람들이 많다는 것이다.

결국 음식점 창업과 경영은 '선택'의 영역에 속한다는 것을 알 수 있다. 창업자의 가치관에 따라 식당의 모든 것이 완전히 달라진다. 그 식당을 찾는 손님들조차도 그 영향력에서 벗어날 수 없다. 여러분이 자주 가는 식당은 어떤 곳인가? 매일 새로운 식당을 찾아다니는 편인가, 아니면 한 번 믿고 찾은 식당을 꾸준히 방문하고 있는가? 분명한 사실은, 오래 가는 식당은 그들만의 확실한 '손님의 유형'을 알고 있다는 것이다. 역전회관의 사장님은 누가 자신들의 식당을 찾는지를 잘 알고 있었다. 그것은 바로 100여 년 전에 처음으로 식당을 시작한 김막동 1대 사장님의 손님들이었다.

5장. 차별화

Differe

tiation

시장을 쪼개라, 최고가 되라

예전의 연남동 골목은 지금과 달랐다. 약 7년 전, 그날 우리는 '히레 카레'에서 저녁을 먹고 '카페 이상'에서 핸드 드립 커피를 마셨다. '피노키오'라는 독립 서점에서는 그림책을 읽으며 시간을 보냈다. 하지만 연남동이 갑자기 유명세를 타면서 지금까지 그 자리를 지키고 있는 곳은 '커피 리브레'뿐이다. 커피와 빵으로 유명한 '프릳츠'도 그 뿌리를 살펴보면 '커피 리브레' 출신이 많다. 스페셜티 커피 하면 가장 먼저 떠오르는 곳 역시 이곳이다. 커피 품질에 관한 한, 로스터리 대회 수상자 출신인 이 브랜드의 대표가 철저한 기준을 지키기 때문이다.

장인 정신은 여전히 유효한가

이 시대에 장인 정신만으로 성공을 기대하는 것은 위험한 선택일 수 있다. 지금 일본에서는 시대의 변화를 따르지 못한 오래된 초밥집들이 줄줄이 문을 닫고 있다. 고작 6개월간 초밥 쥐기를 배운 초보가 십수 년간 도제 생활을 해온 장인을 블라인드 테스트에서 이기는 일이 벌어지기도 했다. 이제 일본의 초밥집들은 최고급이 아니면 초저가를 지향하는 두 갈래로 나뉘고 있다. 그러나 최고를 지향하는 전략이 수명을 다했다고 단정 짓기는 이르다. '최고', '장인', '수제'와 같은 키워드는 여전히 많은 사람들에게 매력적으로 다가오기 때문이다.

다이아몬드 제조사 드비어스는 저가 공세를 펼치는 경쟁사들 때문에 골머리를 앓고 있었다. 이에 대한 해법으로 그들은 새로운 다이아몬드 기준을 제시했다. 이전에 없던 4종의 세부 등급을 만들어 자사 제품을 그중 최고의 위치에 올려놓은 것이다. 품질에 대한 자신감이 없다면 불가능한 선택이었다. 놀랍게도 사람들은 이러한 변화에 빠르게 적응했다. 그 결과, 드비어스는 다시 한 번 예전의 영광을 되찾을 수 있었다. 이처럼 제품의 기준을 더욱 날카롭게 설정해 성공한 브랜드가 한국에도 있다. 바로 '정육각'이다.

한 청년이 있었다. 그는 유학을 준비하던 중 돼지고기를 너무나 좋아해 사후 경직이 진행되지 않은 생고기의 맛에 눈을 떴다. 결국 유학을 포기하고 창업을 선택했다. 그가 세운 브랜드 '정육각'은 도축 후 4일이 지나지 않은 고기만을 판매하며 '초신선'이라는 새로운 기준을 제시했다. 기존 업자들의 수많은 문제 제기에도 불구하고 이 회사는 여전히 순항 중이다. 신선한 고기, 맛있는 고기에 대한 새로운 기준을 제시했고, 소비자들은 이를 환영했다. 이는 마치 다이아몬드의 새로운 기준을 제시한 드비어스와 같은 전략이었다.

잘하는 것을 더욱 잘하는 전략은 여전히 유효하다. 다이슨은 5,127이라는 숫자로 유명하다. 먼지봉투 없는 청소기를 개발하기 위해 5,000번이 넘는 실험을 거쳤기 때문이다. 이러한 신화 같은 스토리는 그 어떤 광고보다도 강력한 효과를 발휘했다. 품질에 대한 의심이 언론에 보도되기도 했지만, 다이슨의 브랜드 파워는 여전히 건재하다. 이제 그들은 청소기뿐만 아니라 여성들의 필수품인 헤어 드라이어도 만든다. 기존의 청소기 못지않게 비싼 가격이지만, 사람들은 열광한다. 이는 잘하는 것을 더욱 잘하기 위해 투자한 시간이 만들어낸 힘이다.

전문화의 핵심, 쪼개기 전략

전문화 전략의 핵심은 '쪼개기'다. 우리는 대기업과도 협업하지만, 우리의 컨셉은 '스몰 브랜드'로 잡았다. 지금 쓰고 있는 이 글도 작은 기업들이 브랜드의 중요성에 눈뜨기를 바라는 마음에서 작성하고 있다. 세계에서 가장 오래된 주식회사인 일본의 '곤고구미'는 오직 절을 수리하는 일만으로 최고의 자리에 올랐다. 그 역사는 700년 이상을 이어오고 있으며, 그들은 백제의 후손이기도 하다. 시장을 바꿀 수 없다면, 우리의 전문성을 더욱 쪼개면 된다. 그 쪼개진 시장에서 최고가 되면 된다. 다시 말하지만, 이것은 여전히 유효하고 강력한 전략이다.

공유 오피스 '집무실' 3일 체험기

　이곳에는 별도로 정해진 자리가 없다. 그래서 하루에도 몇 번씩 '메뚜기'처럼 자리를 옮길 수 있다. 공간 전체가 보이는 뷰 중심의 자리, 독서실 같은 집중 근무석, 화상 미팅이 가능한 공간, 큰 테이블, 심지어 회사 대표가 앉을 법한 별도의 데스크도 마련되어 있다. 그리고 모든 자리에서 전화 통화와 화상 통화가 가능하다. 하루 종일 가사가 없는 음악이 흐르고, 화이트 노이즈처럼 편안하게 들리는 사람들의 낮은 대화 소리도 배경을 이룬다. 맥주 대신 작은 성공의 기쁨을 누릴 수 있는 위스키도 제공되며, 무라카미 하루키가 애정하는 위스키 '커티삭'을 마실 수도 있다.

방황 끝에 찾은 최적의 공간

우리는 이곳저곳의 공유 오피스를 전전했다. 1인실을 써보기도 하고, 2인실을 써보기도 했으며, 외로움을 이겨내기 위해 자유석을 선택하기도 했다. 접근성을 고려해 동네 사무실을 이용해보기도 했다. 하지만 6개월 이상 머문 곳은 많지 않았다. 그러다 문득 집과 카페를 오가며 일하는 것이 가장 현명한 방법이라는 결론에 이르렀다. 그런데 최근 우연히 알게 된 '집무실'에서 일하면서 우리가 무엇에 목말라 있었는지를 비로소 깨닫게 되었다. 그렇다면 우리는 어떤 점에 만족하여 38만 원의 월 이용료를 선뜻 결제할 수 있었을까?

1. 외로운 것도, 번잡한 것도 싫어요

집무실은 번거로운 투어와 계약 절차, 선급금 같은 '당연하게' 여겨졌던 모든 과정을 없앴다. 앱을 설치하고 하루 정도 기다리면 3일 무료 이용권이 제공되며, QR 코드로 간편하게 공간을 이용할 수 있다. 기존의 공유 오피스처럼 전화로 예약하고, 날짜를 받아 담당자와 투어를 진행한 뒤 계약서를 작성하고 선급금을 입금해야 하는 번거로운 과정이 생략되어 있다. 게다가 충분히 공간을 체험한 후 연장 여부를 선택할 수 있으며, 언제든 이용을 멈출 수도 있다.

2. 자유로운 영혼을 이해해 주네요

아무리 시설이 좋아도 1인실에 갇혀 있으면 작업 능률이 오르지 않았다. 라운지에서 일하는 것도 금세 식상해졌다. 자유석을 이용하다 보면 차라리 카페에서 일하는 것이 더 낫겠다는 생각이 들 때가 많았다. 그런 면에서 집무실은 자유석이 가진 장점을 극대화한 공간이었다. 정해진 자리도, 짐을 보관할 공간도 없다. 대신, 그날그날의 기분에 따라 어느 자리든 자유롭게 이용할 수 있다. 마치 공유 오피스와 카페의 중간 어디쯤 있는 서비스 같았다. 물론 호불호가 갈릴 수 있겠지만, 우리 같은 자유로운 성향의 사람들에게는 최고의 선택이었다.

3. 무규칙 속 규칙이 좋아요

어떤 좌석에서도 통화와 화상 회의가 가능하다는 안내를 보고 놀랐다. 그런데 오히려 이렇게 열린 공간을 만들어 놓으니 오히려 마음이 편해졌다. 적어도 우리가 방문한 시간대에는 사용자 수가 많지 않아 시끄럽다는 느낌이 들지 않았다. 기존 공유 오피스의 자유석은 마치 '2등석' 같은 느낌이 있었다. 하지만 이곳은 열린 오피스로, 어떤 제약도 가하지 않기에 훨씬 편안하게 이용할 수 있었다. 또한, 기존 공유 오피스의 다인실에는 같은 회사 직원들이 많은 경우가 대부분이지만, 집무실에서는 거의 모든 사용자가 개인 사업자나 프리랜서였다. 묘한 동질감과 연대감을 간접적으로 느낄 수 있었다.

4. 집 근처에서 일하는 것도 나쁘지 않아요

위워크, 패스트파이브, 스파크플러스… 지금까지 수많은 공유 오피스를 방문하고 이용하면서 한 가지 느낀 점이 있다. 간판만 바꿔 달면 서로 구별하기 어려울 정도로 비슷하다는 것이다. 아마도 서로의 장점을 벤치마킹하면서 지금의 모습에 다다른 것이겠지만, 차별점이 크지 않았다. 그러나 집무실은 번화가를 떠나 동네 깊숙한 곳에 자리 잡고 있다. 덕분에 오히려 접근성이 더 좋아졌다. 우리는 외부 미팅이나 회의를 위해 비싼 기존 공유 오피스를 이용하곤 했다. 하지만 그런 일정은 카페나 다른 장소에서도 충분히 해결할 수 있었고, 빈도도 낮았다. 그렇다면 차라리 집 근처에서 언제든 편하게 일할 수 있는 집무실이 우리에게 더 적합한 공간이었다.

결국, 브랜딩이란 이런 것 아닐까?

물론, 이 모든 것은 지극히 개인적인 생각과 판단이다. 집무실로부터 광고를 부탁받은 것도 아니다. 하지만 이 공간은 1인 사업가나 프리랜서들에게 최적화된 곳임이 분명하다. 선택과 집중을 했기 때문이다. 무엇보다, 우리 같은 사람들이 무엇을 원하고, 무엇을 불편해하는지를 정확히 이해하고 있다는 생각이 들었다. 이곳은 단순히 기존 공유 오피스의 장점을 조합한 공간이 아니다. 우리 같은 성향의 소비자들을 대상으로 철저히 특화된 공간이다. 이것이야말로 '브랜딩'이라는 생각이 들었다. 자신의 강점과 고객의 니즈가 정확하게 맞닿아 있는 느낌이랄까? 혹시 이 글에 공감이 된다면, 집무실의 무료 체험 프로그램을 한 번 이용해 보길 추천한다. 여러분의 경험은 또 어떻게 다를지 정말 궁금하다.

커스텀 자수 아동복 '카멜버스' 이야기

김포의 한 작은 작업실에서는 일정한 리듬으로 미싱 소리가 울려 퍼진다. 이곳에서 '카멜버스'를 운영하는 대표 A씨는 오늘도 정성스럽게 자수 작업을 하고 있다. 그가 이 브랜드를 시작한 계기는 단순했다. 두 아이를 키우는 엄마로서, 흔한 디자인의 옷을 입히기보다 아이들의 개성을 살릴 수 있는 특별한 옷을 만들고 싶었다. 그는 직접 아이들의 옷에 자수를 새기고, 작은 그림을 더하면서 맞춤 제작을 시작했다. 예상보다 반응은 뜨거웠다. 부모들은 단순한 기성복이 아닌, '우리 아이만을 위한 특별한 옷'을 원했고, 카멜버스는 점점 입소문을 타며 김포 지역에서 인기를 끌게 되었다.

지역을 사로잡은 커스텀 마이징 트렌드

카멜버스가 차별화된 이유는 단순히 예쁜 아동복을 제작하는 것이 아니라, 맞춤형 커스텀 마이징 서비스를 제공한다는 점이다. 부모들은 아이의 이름을 원하는 글씨체와 색상으로 새길 수 있고, 자수 패턴과 디자인을 직접 선택할 수도 있다. 특히, 어린이집과 유치원 가방에 자수를 넣어주는 서비스는 김포 지역에서 큰 인기를 끌었다. 개인화된 디자인을 원하는 부모들의 요구를 충족시키면서, 해당 서비스는 빠르게 확산되었다. 또한, 자수 벤딩 기계를 활용한 맞춤 제작도 도입하면서, 더욱 다양한 형태의 제품이 가능해졌다. 이곳에서 제작된 패치는 아이들 가방뿐만 아니라 스냅백, 캐리어 네임택, 심지어 학용품에도 부착할 수 있어 소비자들에게 폭넓은 선택지를 제공했다.

카멜버스의 또 다른 특징은 '확장'보다 '퀄리티 유지'를 최우선으로 삼는다는 점이다. 대부분의 기업들은 수익을 극대화하기 위해 규모를 키우려 하지만, A씨는 손이 닿는 범위 내에서만 운영하는 것을 원칙으로 삼았다. 그는 대량 생산을 하면 더 많은 이윤을 남길 수 있다는 사실을 알고 있었지만, 직접 작업하며 고객과 소통하는 현재의 방식이 더 만족스럽다고 말한다. 이에 따라 브랜드 운영 방식도 단순하다. 직원 몇 명과 함께 소규모로 운영되지만, 지역 내에서 탄탄한 입지를 다지며 안정적인 수익을 올리고 있다. 이러한 운영 방식은 고객과의 긴밀한 관계를 형성하는 데 기여했다. 제품을 단순히 판매하는 것이 아니라, 고객과 지속적으로 소통하며 니즈를 반영하는 과정이 브랜드의 핵심 경쟁력이 되었다.

카멜버스가 성공할 수 있었던 또 다른 이유는, 한국 소비자들이 가지고 있는 개인화된 제품에 대한 높은 선호도와도 관련이 있다. 해외에서는 이름을 새긴 스티커조차 쉽게 찾기 어려운 반면, 한국에서는 세탁해도 지워지지 않는 이름표, 맞춤 자수, 개별 커스텀 액세서리가 상대적으로 저렴한 가격에 제공된다. 특히, 팬데믹 시기에는 마스크 스트랩 맞춤 제작 서비스를 도입하면서 큰 인기를 끌었다. 아이들의 이름과 보호자의 전화번호를 자수로 새긴 마스크 스트랩은 실용성과 안전성을 동시에 갖춘 아이템으로 주목받았다. 이는 김포 지역뿐만 아니라 전국에서 주문이 쇄도하며 브랜드 성장의 기폭제가 되었다.

작지만 강한 브랜드, 지속 가능한 성장 모델

카멜버스는 전통적인 성장 방식과는 다른 길을 걷고 있다. 규모를 키우는 대신, 소규모 운영이 가능한 한에서 최상의 퀄리티를 유지하는 것을 목표로 삼았다. A씨는 더 큰 매장을 열거나 대량 생산

체제를 도입하는 대신, 현재 운영 방식이 가장 적합하다고 판단했다. 그는 "브랜드가 커지면 고객과의 거리도 멀어진다"며, 지금처럼 직접 제작하고 고객과 소통하는 형태가 더 만족스럽다고 말한다. 그 결과, 카멜버스는 한정된 지역 안에서 충성도 높은 고객층을 확보하는 데 성공했다. 김포를 중심으로 형성된 입소문은 새로운 고객을 끌어들이는 자연스러운 마케팅 효과를 낳았다.

카멜버스는 단순한 아동복 브랜드가 아니다. 개인화, 커스텀 마이징, 그리고 지역 밀착형 비즈니스의 성공 사례로 자리 잡고 있다. 대규모 투자 없이도, 철저한 고객 중심의 전략과 차별화된 서비스를 통해 확실한 시장을 개척했다. 무엇보다, "돈을 많이 버는 것보다, 내가 원하는 방식으로 일하는 것이 더 중요하다"는 철학이 브랜드 운영에 반영되었다. 의도적으로 성장을 제한하면서도 충분한 성공을 이루는 이러한 스몰 브랜드들은 앞으로도 더욱 주목받을 것이다. 성장의 방향성이 반드시 '확장'일 필요는 없다는 것을, 카멜버스는 몸소 증명하고 있다.

6장. 컨셉과 슬로건

컨셉이란 무엇인가?

컨셉이란 브랜드의 정체성을 모두 담아낼 수 있는 그릇이다. 내용물이 흩어져 있을 때보다 가장 적절한 그릇에 담았을 때 우리는 그것을 더욱 명확히 이해할 수 있다. 꽃을 대접에 담을 수도 있지만, 예쁜 꽃병에 담을 때 그 가치는 배가 된다. 적절한 컨셉은 단순히 내용을 모으는 것을 넘어, 그 가치를 높이는 역할을 한다. 한때 프로스펙스도 나이키나 아디다스처럼 조깅화를 만들었다. 그런데 전국적으로 걷기 열풍이 불자, 조깅화 대신 '워킹화'라는 컨셉을 내세웠다. 모양은 비슷했지만 담는 그릇이 달라지자 가치가 올라갔다. 이 컨셉 하나로 프로스펙스는 운동화 시장을 뒤흔들었다. 그들의 성공을 김연아라는 모델 덕분으로만 돌릴 수 없는 이유가 바로 여기에 있다. 선명하고 분명한 컨셉이 있었기에 가능했던 일이다.

컨셉이 브랜드를 차별화한다

백세주는 술이다. 백 번 양보해도 건강에 좋다고 할 수 없는 술이다. 적당히 마시면 괜찮다지만, 술을 적당히 마시는 일이 어디 그리 쉬운가? 그런데 국순당은 그들이 만든 전통주에 '백세주'라는 이름을 붙였다. 여기에 한 가지 흥미로운 요소를 추가했다. 바로 병에 그려진 그림이다. 그림 속에서 검은 머리의 남자가 백발의 노인을 회초리로 때리는 장면이 보인다. 알고 보니, 백발의 노인은 회초리를 든 남자가 여든 살에 낳은 자식이었다. 이 장면을 본 지나가던 선비가 술 이름을 묻자, 그는 '구기 백세주'라고 대답했다. 이 이야기의 진위 여부는 중요하지 않다. 중요한 것은 이 술을 '건강'이라는 컨셉의 그릇에 담았다는 사실이다. 그리고 이 컨셉을 강조하기 위해 '아내가 권하는 술'이라는 카피를 사용했다. 결과적으로 백세주는 건강하게 마실 수 있는 전통주의 상징이 되었다. 이를 패러디한 '오십세주'도 등장했지만, 이는 언제까지나 백세주의 강력한 컨셉이 있었기에 가능했다.

이처럼 한 번 만들어진 컨셉은 생명력이 길다. 디자인이나 성분은 바꿀 수 있지만, 컨셉은 차별화를 담고 있기에 쉽게 따라 할 수 없다. 하지만 하나의 브랜드가 전하고자 하는 메시지가 선명하지 않고 흩어져 있다면, 강력한 컨셉을 잡는 것은 불가능하다. 만약 프로스펙스가 '워킹화'라는 컨셉을 버리고 걷기를 돕는 다양한 기능만 강조했다면? 백세주가 구기자와 약초의 효능만 이야기했다면? 우리는 지금의 결과를 기대할 수 없었을 것이다.

컨셉의 본질은 '나다움'이다

요즘 MZ 세대들 사이에서 MBTI를 넘어 '컨셉질'이 유행하고 있다. 웹툰 속 특정 캐릭터를 흉내 낸다거나, 부캐(부 캐릭터)로 살아간다고 한다. 하지만 과연 이것이 컨셉의 본질을 제대로 이해한 행동일까? 컨셉의 핵심은 '나다움'이다. 남을 흉내 내는 것, 부캐로 살아가는 것은 컨셉의 본질과 거리가 있어 보인다. 그렇다면 진짜 브랜드들은 컨셉을 어떻게 발견하고 활용할까? 복순도가의 스파클링 막걸리를 예로 들어보자. 복순도가의 컨셉은 바로 '발효'이다. 건축을 전공했던 대표는 브랜드를 만들면서 '발효'라는 컨셉을 확립했다. 이 컨셉 덕분에 복순도가는 제품의 차별화에 성공할 수 있었다. 건축과 막걸리의 연관성을 '발효'라는 키워드에서 찾았기 때문이다. 그는 양조장 앞의 농촌 풍경을 '발효건축'이라고 설명하며, 복순도가가 추구하는 철학을 확고히 했다. 복순도가의 양조장은 농촌 풍경 속에서 자연과 어우러지는 공간이다. 그래서 마치 막걸리가 발효되며 완성되는 것처럼, 건축도 시간이 지나면서 자연과 함께 변하고 성장한다고 생각한 것이다.

"우리는 '발효'라는 콘텐츠로 다양한 시도를 해나갈 예정이다. 주류 회사라는 틀을 벗어나, 사람들이 친숙하게 인지하고 즐길 수 있는 브랜드로 만들고자 한다." 대표의 인터뷰에서 보듯, 컨셉은 브랜드를 세우는 '축'이다. 컨셉이 명확할수록 브랜드의 확장은 자연스럽고 이질감 없이 이루어진다. 결국, 강력한 컨셉은 창업자의 철학, 가치관, 신념에서 출발한다.

컨셉은 브랜드의 문화를 만든다

컨셉은 단순한 마케팅 요소가 아니다. 브랜드의 기업 문화에도 영향을 미친다. 풀무원은 브랜드 슬로건 '자연을 담은 그릇'을 중심으로 신뢰를 구축했다. 하지만 컨셉의 힘은 단순히 인지도나 매출을 높이는 것에 그치지 않는다. 풀무원은 생면과 건면을 만들지만, 튀김면은 만들지 않는다. '자연'이라는 컨셉과 맞지 않기 때문이다. 이처럼 컨셉은 Dos & Don'ts(해야 할 것과 하지 말아야 할 것)를 결정하고, 브랜드의 방향성을 관리하는 역할까지 한다. 제니퍼소프트는 '자유'라는 컨셉으로 오후 4시 출근이 가능한 기업 문화를 만들었다. 호주의 이솝(Aesop)은 자신들의 일하는 공간의 소소한 소품이 놓일 장소까지 철저히 관리한다. 브랜드 이미지와 어울리지 않는 곳엔 제품을 판매하지 않는다. 컨셉이 명확할수록 브랜드의 규율과 문화가 더욱 견고해진다.

한때 우리 중 한 사람은 양재동에서 근무하면서 코스트코에서 장을 보는 것이 일상이었다. 코스트코의 거대한 치즈케이크와 크로와상, 푸짐한 초밥은 단순한 제품이 아니라 '미국'이라는 컨셉 그 자체였다. 월마트가 한국에서 철수하는 동안, 코스트코는 자신만의 컨셉으로 견고하게 자리 잡았다. 이마트가 아무리 대형 마트를 만들어도, 코스트코 특유의 '미국적인 풍요로움'을 따라 할 수 없었다. 코스트코는 컨셉으로 경쟁자를 압도했다.

수많은 생수 브랜드 중 삼다수를 찾는 이유는? 소주 시장에서 참이슬이 선택받는 이유는? 아모레퍼시픽이 '한방'을 앞세워 설화수를 성공시킨 후, LG생활건강이 '궁중' 컨셉의 후(Whoo)를 출시하며 승기를 잡은 사례를 떠올려 보자. 컨셉은 단순한 마케팅 도구가 아니다. 경쟁자를 압도하고, 브랜드의 차별화를 결정짓는 비장의 무기다. 우리가 브랜드를 만들 때 가장 먼저 해야 할 일은 자신만의 고유성을 찾는 것이다. 이를 위해 '컨셉 휠' 같은 도구를 활용해도 좋다. 하지만 가장 중요한 것은, 창업자가 아이템과 입지만큼이나 컨셉의 중요성을 자각하는가이다. 강력한 브랜드는 결국 강력한 컨셉에서 시작된다.

우리 마음속에 레이디가 한명쯤은 품고 있잖아?

철학은 시대의 물음에 응답한다. 오늘날 소비자들은 '나다움'을 찾는 시대를 살아가고 있다. 이는 우리가 살아가는 세상이 집단과 개인의 경계가 모호해졌기 때문이다. 집단이 개인보다 클 수도 있고, 반대로 개인이 하나의 시대정신이 될 수도 있다. 과거처럼 모두가 같은 목표를 추구하던 시대는 끝났고, 이제는 개별적인 정체성이 행복을 결정짓는 요소가 되었다. 브랜딩 역시 이러한 흐름에 맞춰 '스몰 스텝'의 방식으로 자신만의 정체성을 구축한다. 이는 단순한 유행이 아니라 시대 정신과 연결된 변화이다. 작은 트렌드에서 출발해 개인의 정체성을 담은 소품이나 서비스가 인기를 끄는 이유도 여기에 있다. '인생네컷'이 단순한 사진 촬영이 아니라 자신의 개성과 감성을 기록하는 수단이 된 것처럼, 현대 소비자들은 브랜드를 통해 자기 자신을 표현하고 싶어 한다. 브랜드가 성공하려면 소비자의 욕망과 결핍을 정확히 이해하고, 그에 대한 해답을 제시해야 한다. 과거의 '나다움'이 단순히 추구하는 목표였다면, 2025년은 그것을 '실제로' 실행하는 시대이다. 때때로 뉴미디어는 '우리 마음속에 일론 머스크 한 명쯤은 품고 있잖아요', 'K직장인, 민희진 꿈꿔본 적이 있다?'와 같은 밈을 통해 실행에 대한 메시지를 전달하기도 한다.

시장의 세분화만으로는 충분하지 않다

어떤 브랜드는 단순히 시장을 세분화하는 방식으로 차별화 전략을 가져간다. 시장을 작은 단위로 나누고 선점하는 전략이다. 드비어스가 다이아몬드 시장을 네 가지 기준으로 세분화해 독점적인 위치를 확보한 것처럼, 기존의 시장을 쪼개고 새로운 기준을 제시하는 방식은 효과적이다. 하지만 시대의 물음이 '나다움'의 실체를 만들어 내는 것이라면, 단순히 새로운 시장을 정의하는 것만으로는 충분하지 않다. 브랜드는 지속적으로 자신만의 철학을 유지하고 일관된 메시지를 전달해야 한다. 톤28이나 일간 이슬아처럼 꾸준히 고유의 철학을 실체화한 브랜드는, 그것만으로도 차별화 요소가 된다. 브랜드가 소비자와의 신뢰를 구축하려면 시간이 지나도 변하지 않는 철학의 실체가 필요하다.

철학의 실체는 단순한 개념이 아니라, 정서가 담겨 있어야 한다. 컨셉의 차별화는 제품을 감성적으로 재해석하는 과정에서도 이루어진다. 반찬가게를 '도시 곳간'으로, 백열전구를 '삶의 온기를 주는 빛'으로 브랜딩한 사례처럼, 단순한 제품도 정서적인 요소를 더하면 소비자의 마음을 움직일 수 있다. 디지털 시대에도 사람들은 여전히 따뜻함을 원하며 외로움을 두려워한다. 브랜드는 이를 충족시키기 위해 감각적인 접근법을 활용해야 한다. 브랜드가 단순한 기능을 넘어서 소비자와 깊이 연결될 수 있는 가치를 제공할 때, 비로소 지속적인 성장이 가능해진다.

스몰 브랜드가 가진 강력한 컨셉의 힘

우리 중 박요철 대표는 『스몰 스텝』이라는 책을 썼다. 그리고 '스몰 브랜드'라는 개념을 확장하고 있다. 작고 사소한 실천으로 삶을 바꾸는 방식을 이야기한 것이 '스몰 스텝'이라면, '스몰 브랜드'는 브랜딩 영역에서 소외되었던 자영업자, 소상공인, 1인 기업들을 대상으로 한다. 그들에게도 브랜드가 필요하다는 사실을 전파하는 것이 박요철 대표의 목적이다. 그에게는 '스몰'이라는 선명한 컨셉이 있다. 그리고 그 외의 덜 중요한 단어들은 과감히 버렸다. 사람들은 비슷한 브랜드들 가운데 나의 브랜드를 선택할 선명한 이유가 필요하다. 그리고 그 이유는 단순하고 명확해야 한다.

만약 그가 『스몰 스텝』을 단순히 '습관'에 관한 책으로 포지셔닝했다면 지금처럼 11쇄나 찍는 일은 없었을 것이다. 하지만 그는 이 책을 '나다움'을 실현하고 싶어 하는 사람들의 니즈에 맞춘 퍼스널 브랜딩 솔루션으로 구성했다. 그리고 이를 담는 컨셉을 '비범함'이 아닌 '평범함'으로 설정했다. 책의 마지막 서문에서는 한 평범한 직장인이 어떻게 자신을 변화시켰는지 이야기하며, 독자 역시 그 주인공이 될 수 있다고 강조했다. 철학을 실체화하고, 소외되었던 범인들과 정서적으로 연대한 것이다. 이것이 자기계발서 시장에서 『스몰 스텝』이 살아남을 수 있었던 가장 큰 이유이다. 우리가 누구인지 심연까지 들여다볼 기회가 있다면, 그 고민의 깊이만큼 컨셉은 정교해진다. 질문이 오래될수록 컨셉의 맛은 깊어진다. 세상에 누설하고 싶은 우리의 고유성은 무엇인가? 수많은 사람들과 다른, 우리가 줄 수 있는 특별한 답은 무엇인가?

귀여운 것은 세상을 구할 수 있을까?

　코지모지는 "귀여운 것이 세상을 구한다"는 모토를 바탕으로, 작은 소품을 통해 소비자들에게 소소한 행복과 위로를 제공하는 브랜드다. 부산 광안리에서 시작한 이 브랜드는 키링과 같은 작은 아이템을 앞세워 소비자들의 사랑을 받았고, 이후 한남동까지 매장을 확장하며 더욱 유명해졌다. 브랜드의 메시지는 단순하지만 강렬하다. "작은 물건이 주는 작은 행복"이라는 개념을 중심으로, 일상의 따분함을 귀여운 소품으로 채워준다는 스토리를 담고 있다. 선물하기 좋은 제품 구성과 감성적인 스토리텔링을 통해 고객들에게 따뜻한 경험을 제공하는 것이 코지모지의 핵심 전략이다.

브랜드 메시지를 소비자에게 각인시키는 방법

코지모지의 마케팅 전략을 보면, 재미있고 독특한 요소들이 눈에 띈다. 브랜드의 핵심 메시지인 "귀여운 것이 세상을 구한다"는 슬로건과 크기 대비를 활용한 디자인 요소들은 소비자들에게 브랜드를 쉽게 각인시켰다. 현대백화점 면세점과의 콜라보에서는 한정판 "면새" 캐릭터를 활용한 이벤트를 열었다. 매일 정해진 시간에 한정판 키링을 드롭(요즘은 SNS나 온라인 스토어에서 특정 시간에 맞춰 상품을 공개하는 방식이 많다)하는 방식은 마치 콘서트 티켓팅과 같은 긴장감을 조성하며 소비자들의 관심을 집중시켰다. 또한, 브랜드는 가을 플레이리스트나 동네 소개 콘텐츠를 감성적인 인스타그램 피드와 함께 제공하면서 브랜드의 정체성을 더욱 견고하게 만들었다. 귀여운 브랜드의 귀여운 메시지가 자연스럽게 소비자들에게 전달된 것이다.

코지모지의 성공은 단순한 유행을 넘어, 키링과 같은 작은 소품이 하나의 시대적 현상으로 자리 잡는 데 기여했다. 현대인들은 작고 개인적인 물건에서 정서적 위안을 찾고, 동시에 개성을 표현할 수 있는 아이템을 선호하는 소비자들이다. 코지모지는 이러한 흐름을 정확히 포착했고, 대표 상품인 어글리버드 키링은 2년 동안 7만 개 이상 판매되며 큰 인기를 끌었다. 하지만 김희지 대표는 '키링으로 1등이 되고 싶지는 않다. 키링이 코지모지의 전부가 아니었으면 좋겠다'며, '코지모지가 판매하는 향, 컵, 키링 등 작은 나무들이 모인 숲에서 1등을 하고 싶다'라고 소신을 밝혔다.

귀여운 것이 우리를 구할 수 있을까?

결국, 브랜딩과 마케팅의 궁극적인 목표는 매출이다. 아무리 훌륭한 브랜딩을 하더라도 제품이 팔리지 않으면 의미가 없다. 스몰 브랜드의 성공 여부는 얼마나 강력하고 명확한 컨셉을 구축하고 확장하느냐에 달려 있다. 코지모지는 '귀여움'이라는 가지를 모아 브랜드의 본질을 만들고 있다. 그리고 그 본질이 '숲'이 되어 지속적인 성장으로 이어지기를 기대한다.

과연 귀여운 것은 세상을 구할 수 있을까? 세상의 최소 단위가 개인이라면, 개인을 더 쪼개어 마음과 몸으로 나누었을 때, 적어도 귀여운 것이 우리의 마음을 어루만질 수는 있지 않을까? 오늘도 회사 파티션에 걸려 있는 어글리버드를 바라보았다. 출근길 가방에 달린 뱁새 키링을 한 번 쓰다듬었다. 이쯤 되면 귀여운 것은 K-직장인의 하루를 구하는 포션 정도는 된다고 말할 수 있지 않을까. 귀여운 것이, 오늘 하루를 구했다.

7장. 네이밍

Naming

네이밍의 이론과 실제

    어센트코리아라는 회사에서 브랜드 네이밍을 요청해왔다. 이 회사는 구글과 네이버의 검색어를 분석해 소비자들의 숨은 의도를 찾아주는 일을 한다. 이를 통해 의뢰한 회사는 자사 제품과 서비스에 대한 소비자들의 다양한 니즈와 욕구를 파악할 수 있다. 예를 들어, 사람들이 '임신'이라는 단어를 검색하는 이유를 분석하면, 연령대별로 검색 의도가 다르다는 점을 알 수 있다. 이를 바탕으로 어떤 제품과 서비스를 제공해야 할지 결정할 수 있으며, 블로그 마케팅을 할 경우 어떤 키워드로 글을 써야 하는지까지 가이드할 수 있다.

네이밍이 전달하는 브랜드의 차별성

어센트코리아의 차별화된 핵심 가치는 사람들이 말하지 않은, 마음속 숨은 욕망을 밝혀준다는 점에 있다. 이들을 위한 네이밍을 고민하면서, 허블 망원경이 떠올랐다. 허블은 지상이 아닌 우주에 망원경을 띄워 대기권의 방해 없이 선명한 사진을 얻을 수 있도록 한 혁신적인 장비다. 이 발상의 전환 덕분에, 허블은 인류가 우주를 연구하는 방식을 완전히 바꿨고, 최근 발사된 제임스 웹 망원경이 나오기 전까지 가장 뛰어난 해상도의 우주 사진을 제공했다. 우리는 어센트코리아가 소비자의 숨겨진 욕망을 밝히는 허블과 같은 역할을 할 것이라 생각했다. 그래서 '리스닝 마인드 허블'이라는 네이밍을 제안했다. 허블처럼 이 서비스가 사람들의 마음을 선명하게 비춰주는 압도적인 해상도의 정보를 제공한다는 의미를 담았다.

또 다른 사례는 병원 네이밍이다. 최근 병원 네이밍의 트렌드는 부르기 쉬운 이름을 선택하는 것이다. 아마도 환자들의 연령대를 고려한 전략이겠지만, 지나치게 쉬운 이름은 브랜드의 격을 떨어뜨릴 위험이 있다. 척추·관절 병원의 개원을 앞둔 클라이언트는 "부르기 쉬우면서도 품격이 있는 이름"을 원했다. 이는 간단한 듯하지만, 매우 어려운 요청이었다. 우리는 병원의 핵심 가치를 고민했다. 그리고 그 핵심이 '올곧은 허리'에 있다고 판단했다. 그래서 '곧은'을 소리 나는 대로 풀어낸 '고든 병원'을 제안했다. 여기에 더해 영어 이름 'Gorden'을 활용해 중의적인 의미를 부여했다. 결과적으로 이 병원은 현재 '서울고든병원'이라는 이름으로 성업 중이다. 나이 든 환자들도 쉽게 이해하고 부를 수 있으면서도 병원의 가치를 강조하는 격조 있는 네이밍에 성공했다고 자부한다.

네이밍은 브랜드의 방향을 결정한다

네이밍 하나가 제품이나 서비스, 회사의 성공을 결정짓는 경우는 드물다. 그러나 네이밍 작업이 의미 있는 이유는, 브랜드의 차별화된 가치를 명확하게 정의하는 과정을 거치기 때문이다. 네이밍이 선명하면, 이후의 카피라이팅, 스토리텔링, 상세 페이지 기획 등 모든 마케팅 작업이 훨씬 수월해진다.

우리는 한동안 명함에 비버의 얼굴을 그려 넣고, 'Brand Story Finder'라는 타이틀을 사용했다. 비버는 자연에서 최강의 건축가로, 강 하구에 둥지를 짓고 생태계를 변화시키는 존재다. 우리가 하는 일도 이와 비슷하다고 생각했다. 좋은 브랜드를 찾아 그 스토리를 발굴하고, 이를 통해 브랜드 생태계를 더욱 건강하게 만드는 것, 이것이 우리의 역할이었다. 이 네이밍 덕분에 사람들은 브랜드의 본질을 쉽게 이해하고 공감할 수 있었다.

　네이밍에 대한 고민을 하던 한 대표님은 "네이밍이 그렇게 중요할까요?"라고 말하면서도 몇 달째 결정을 내리지 못하고 있었다. 당장 매출에 영향을 미치지는 않지만, 본능적으로 이 작업이 중요하다는 것을 알고 있었기 때문일 것이다. 우리는 작은 회사가 네이밍에 지나치게 많은 시간과 비용을 들일 필요는 없다고 생각한다. 하지만 그렇다고 해서 네이밍의 중요성을 간과해서도 안 된다.

　『위대한 개츠비』의 원래 제목은 기억하기도 어려울 만큼 촌스러웠다고 한다. 하지만 이 이름 하나로, 이 소설은 시대를 대표하는 명작의 반열에 올랐다. 네이밍은 단순한 결과물이 아니라, 그 과정에서 우리가 하는 일의 본질과 가치를 명명하는 과정이다. 다시 말하지만 네이밍이란, 단순한 이름이 아니라 브랜드의 철학과 방향을 결정하는 강력한 무기라는 점을 기억했으면 한다.

사랑받는 이름의 조건

우리가 가장 좋아하는 브랜드 네이밍 중 하나는 '밀도'다. 서울숲 인근 사무실로 출근하던 어느 날, 건널목 너머 작은 빵집에 길게 줄 선 사람들을 발견했다. 나중에 알게 된 사실이지만, 매장이 작아 세 명이 가면 두 명은 밖에서 기다려야 할 정도였다. 5년이 훌쩍 지난 지금도 그곳은 여전히 줄을 세운다. 이것이 의도된 전략인지, 자연스러운 결과인지 우리는 여전히 궁금하다. 하지만 우리의 관심을 끈 것은 그 '이름'이었다.

'밀도'의 '밀'은 빵의 주재료인 밀(Wheat)이면서 동시에 식사(Meal)를 의미한다. 이 브랜드를 만든 셰프는 한때 100여 종이 넘는 다양한 빵을 만들다가 회의를 느꼈다. "내가 단 하나의 빵만 만든다면?" 고민 끝에 그는 식빵을 선택했다. 언제든 식사 대용으로 찾을 수 있다는 점이 가장 큰 이유였다. 그렇게 탄생한 첫 번째 매장이 바로 서울숲 인근의 작은 빵집이었다.

브랜드 네이밍의 완성은 디테일에 있다

그렇다면 밀도의 '도'는 무엇을 의미할까? 그것은 바로 온도(Temperature)와 습도(Humidity)를 뜻한다. 이곳의 셰프는 매일 빵을 만들 때, 그날의 온도와 습도를 철저히 고려한다고 했다. 물과 설탕, 밀가루 외에는 아무것도 더하지 않은 빵의 맛을 결정짓는 것이 바로 이 두 요소라고 믿었기 때문이다. 이 원칙을 담아, '밀도'라는 브랜드명 뒤에 온도를 의미하는 표현을 붙였다. 또한, 브랜드 로고의 첫 글자인 M은 식빵의 모양을 형상화했다. 이렇게 철저한 의미 부여를 통해 탄생한 브랜드 네이밍은 단순한 단어가 아니라 철학과 원칙이 담긴 완성형 스토리가 되었다.

좋은 브랜드 네이밍을 만들기 위해서는 다음의 요소를 고려해야 한다. 제품과 서비스의 특징, 브랜드의 철학이 그것이다. '밀도'는 제품의 특징과 브랜드 철학을 동시에 담았다는 점에서 뛰어난 네이밍이다. 이 이름이 어떻게 탄생했는지는 정확히 알 수 없다.

어느 날 번뜩 떠오른 아이디어일 수도, 오랜 고민 끝에 탄생한 이름일 수도 있다. 하지만 좋은 이름은 대부분 이 두 가지 과정을 모두 거친다.

강남역 삼성 본사 지하에 위치한 '카츠8'이라는 돈카츠 가게도 우리의 이목을 끌었다. 처음에는 '카츠'가 돈카츠를 의미하는 것이라는 점을 쉽게 알 수 있었지만, '8'의 의미는 쉽게 유추하기 어려웠다. 검색해보니, 돈카츠가 가장 맛있어지는 시간이 8분이라는 설명이 나왔다. 과연 그럴까 하는 의문이 들긴 했지만, 호기심을 유발하는 이름이라는 점에서 좋은 네이밍이라 생각했다. 반면, '육분삼십 편백집'이라는 가게의 네이밍을 접했을 때는 상황이 달랐다. 숫자로 이루어진 이름은 호기심을 자극하지만, 너무 난해하면 소비자에게 혼란을 줄 수도 있다.

네이밍의 본질은 '이름 그 이상'이다

좋은 이름은 쉽게 부를 수 있어야 한다는 명제가 있다. 동시에 의미를 담아야 한다는 명제도 존재한다. 하지만 반드시 명확한 의미를 가져야 하는 것은 아니다. 예를 들어, 발뮤다(Balmuda)는 별다른 뜻이 없는 단어다. 하겐다즈(Hagen-Dazs)는 실제 존재하지 않는 독일어풍 조어다. BTS라는 이름도 'Bangtan Sonyeondan(방탄소년단)'에서 비롯되었지만, 후에 'Burn The Stage'라는 새로운 의미를 부여받았다.

이처럼 의미와 가치는 스스로 만들어가는 것이다. 억지스럽게 영어 단어를 조합하는 것보다는, 때로는 간판이 없는 가게가 더 강력한 네이밍이 될 수도 있다. 최근 가장 주목받는 패션 브랜드 중 하나인 '강혁(Kanghyuk)'도 디자이너의 한글 이름을 그대로 영문으로 옮긴 사례다. 브랜드 네이밍은 단순한 단어를 넘어, 철학과 스토리를 담는 그릇이 되어야 한다.

29CM, 단순한 네이밍을 넘어선 브랜딩의 일관성

'29CM'라는 브랜드 네임을 처음 알았을 때 우리는 설렜다. "사람과 사람이 가장 설레는 거리 29CM"라는 설명을 듣고, 이 네이밍을 한 사람이 누구인지 궁금해졌다. 이 브랜드가 특별한 이유는, 좋은 네이밍을 넘어 일관성 있는 브랜딩 전략을 유지했다는 점이다. 이들은 단순히 물건을 판매하는 것이 아니라, 웹사이트 UI부터 상품 소개 페이지까지 브랜드 철학을 녹여냈다. 기존의 오픈마켓이 제품의 스펙과 장점만 나열하는 것과 달리, 29CM는 마치 잘 차려진 일식집의 메뉴를 보는 것 같은 정갈함을 유지했다.

우리가 29CM에 더욱 신뢰를 갖게 된 결정적인 계기는, 브랜드의 카피라이터가 쓴 한 권의 책 때문이었다. 그녀는 단 하나의 제품 카피를 완성하기 위해 수많은 책을 읽는다고 했다. 특히, 소설을 많이 읽으며, 제품의 정서와 분위기에 맞는 문장을 골라 카피를 만든다고 했다. 이제야 우리는 왜 29CM가 우리를 사로잡았는지 이해할 수 있었다. 브랜드가 단순한 상품을 넘어, 스토리와 감성을 담아낼 때 소비자는 진짜로 매력을 느낀다.

좋은 네이밍과 슬로건, 그리고 카피라이팅은 단순한 센스에서 나오지 않는다. 이는 집요한 문제의식과 깊이 있는 관찰에서 비롯된다. 멋진 이름을 짓는 일은 쉬울 수도 있다. 하지만 브랜드의 아이덴티티를 정확히 이해하고, 이를 일관성 있게 표현하는 일은 매우 어렵다. 지식으로 결론을 내릴 수 있는 일이 아니라, 감각과 경험을 바탕으로 한 깊은 통찰이 필요하기 때문이다. 마켓컬리에 스무 명이 넘는 작가들이 존재하는 이유도 바로 여기에 있다.

좋은 네이밍은 집요한 관찰에서 온다

우리가 자주 찾는 카페의 이름은 '앱스트랙(Abstract)'이다. 뜻을 찾아보았지만 어려워서 금세 잊어버렸다. 게다가 이 카페는 간판조차 걸지 않았다. 대신, 오렌지와 베이지를 기반으로 한 컬러 아이덴티티를 유지하며, 브랜드의 정체성을 시각적으로 표현했다.

커피 머신, 오디오, 커피잔, 벽에 걸린 그림, 매거진 B, 심지어는 이솝(Aesop) 제품까지, 이 카페는 자신의 개성과 취향을 있는 그대로 뿜어내고 있다. 그렇다면 이곳에서 약속을 잡을 때 사람들은 뭐라고 말할까? 아마도 이렇게 말하지 않을까? "거기 있잖아, 하이마트 옆에 있는 그 오렌지색 카페, 거기로 와." 결국, 좋은 네이밍이란 단순한 단어가 아니라, 우리의 기억 속에 각인되는 방식을 의미하는 것이 아닐까?

Pastelize your Persona

우리는 늘 고민한다. 특별해지고 싶지만, 특이해지고 싶지는 않은 욕망. 불안과 피로 사이에서 게으름과 몰입을 오가며 살아가는 존재. 이 책의 공동저자, 정은진 이사 역시 그런 고민 속에서 자신의 역할을 정의했다. 함께한 세 명의 저자에게는 별명을 붙였다. 발화자, 설계자, 제작자. 그리고 스스로를 '질문자'라 칭했다. "왜 여성의 배 속에 자궁이 있어야 할까?", "포유류의 잉태는 왜 그런 방식으로 이루어질까?", "더럽지만 풍족한 배수로에 빠진 고양이를 우리는 반드시 구해야 할까?" 이처럼 널려 있는 질문들은 사고의 지평을 넓혀주었고, 현실과 연결되었을 때 예상치 못한 방식으로 풀려나갔다. 그리고 그 과정에서 브랜드라는 형태로 구체화되었다.

폴댄스에서 브랜딩까지, 놀이가 일로 변하는 순간

우리 중 한 명인 정은진 이사는 올해로 8년째 폴댄스를 하고 있다. 감사하게도 몇몇 브랜드의 앰배서더로 활동했고, 시장을 보면 뛰어들지 않고는 못 배기는 MD의 성향 덕분에 '브랜딩'이라는 흥미로운 경험을 하게 되었다. 대체 왜 폴댄스일까? 아버지는 자신도 기계체조를 했었다며 공통점을 찾으려 하지만, 그녀에게는 그저 순수한 재미였다. "헐벗고 하는 운동을 왜 하냐"는 도발적인 질문이 들어올 때마다, 마찰력에 대한 과학적 설명을 하느니 그냥 이렇게 답하는 게 더 편했다. "이것보다 재미있는 운동을 찾지 못했어." 순수한 재미에 메시지를 더할 수 있다면, 그것은 일시적인 유행이 아니라, 오래도록 남을 작품이 될 것이다. 그녀는 브랜드라는 틀 안에서, 폴웨어에 철학을 담아보기로 했다.

브랜드를 만드는 사람들, 그리고 나의 역할

그녀의 엄마가 그녀에게 준 초능력이 있다면, 사람의 재능을 알아보는 능력이다. 그녀는 설계에 강점을 가진 대표와 오래 지켜본 디자이너를 연결했다. 그리고 솔직히 고백하자면, 대표의 자본주의적 올곧음과 디자이너의 깊이 있는 사고를 존경했다. 그들은 브랜드를 단단하게 구축해줄 기둥이자, 든든한 조력자였다. 그들의 존재 옆에서, 그녀는 브랜드 메시지를 만드는 역할을 맡았다. 독특함은 좋은 것인가? 개인이 세계보다 존중받는 시대라지만, 여전히 튀는 것은 두려운 일이다. '개성'이라는 단어는 낡았고, '나다움'이라는 표현은 때때로 피로감을 준다. 그렇다면 폴웨어 브랜드의 독특함은 고유함 속에 녹아야 한다. 폴댄스를 할 때 몇 분 동안은 타인의 시선에서 완전히 벗어나, 오롯이 나에게 집중할 수 있다. 손끝과 발끝에서부터 퍼지는 이 감각을 표현할 단어가 없었다. 그리고 그녀는, 단어가 없으면 만들어내면 되는 것이라 믿었다.

Pastelize your Persona – 고유한 색을 입히다

몇 날 며칠을 고민한 끝에, Pastelize your Persona라는 슬로건이 떠올랐을 때, 그녀는 기뻐서 춤을 췄다. 'Pastelize'는 "서서히 물들이다, 채색하다"는 의미를, 'Persona'는 "자아가 겉으로 드러나는 의식의 영역"을 의미한다. 이를 한국어로 풀면, "고유한 모습으로 물들이다" 정도가 된다. 이 문구에는 그녀의 욕심도 덕지덕지 붙어 있었다. 사람들의 흑백이던 세상이, 그녀의 브랜드를 통해 조금 더 다채로워지길 바랐다.

브랜드에게도 뮤즈가 필요하다

그녀는 브랜드에도 사랑할 수 있는 존재, 즉 뮤즈가 필요하다고 생각했다. 그녀의 영원한 뮤즈는 레이디 가가다. 만약 아이를 갖게 된다면, 태명을 '가가'로 지을 것이고, 둘째가 생긴다면 '나나'도 괜찮을 것 같다. 그렇다면 그녀의 브랜드, 레브몽에게는 어떤 뮤즈를 선물할까? 그녀는 만화로 읽는 그리스로마 신화를 속독했다. 25권을 144분 만에 읽고 나니, 가장 어울리는 존재는 '프시케'라는 결론이 나왔다. 프시케는 그리스어로 나비, 영혼, 숨을 의미한다. 레브몽이 지향하는 열망, 무한한 가능성, 그리고 고유함을 완벽히 대변하는 존재였다. 뮤즈의 목에는 소라껍데기를 걸었다. 내부의 이상과 바다 같은 무한함, 그리고 각자가 가진 고유한 소리를 표현하는 상징이었다. 이후로는 관망할 시간조차 없었다.

브랜드가 만들어야 할 '느슨한 연대'

그녀는 역할을 철저하게 분담했다. 대표는 자금을 조달하기 위해 이리저리 뛰었다. 디자이너는 누군가의 24시간을 빌려와야 할 정도로 모든 걸 쏟아부었다. 그녀는 브랜드의 메시지를 명확히 다듬으며, 들뜨지 않도록 중심을 잡았다. 몰입은 시너지를 불렀고, 우리는 최선을 다해 브랜드를 성장시켰다. 하지만 빠진 것이 있었다.

폴댄스는 지극히 자기중심적인 운동이지만, 브랜드는 결국 커뮤니티를 만들어야 한다. 그녀는 단순한 소비자 집단이 아니라, 서로를 있는 그대로 받아들이는 공간을 만들고 싶었다. '레브몽을 입다'라는 이벤트를 기획했다. 소비자들에게 '레버(Lever)'라는 별명을 붙였다. 레버들은 폴웨어를 입고 사진과 영상을 공유하며 느슨하게 연결되었다. 그리고 레브몽은 그들의 단 1분이라도 더 빛날 수 있도록 존재했다. 결과는 놀라웠다. 크리스마스 이브에 런칭한 브랜드는, 프리오더만으로 1차 물량이 완판되었다. 특별해지고 싶지만, 특이해지고 싶지는 않은 사람들과 함께, 그녀는 밀도 있는 시간을 보냈다.

우리는 무엇을 할 수 있을까?

바쁘다, 바빠 현대사회. 아무도 아무개의 삶을 구원할 수는 없다. 우리도 가끔은 무력감을 느낀다. "팀장님도 이렇게 무력하시냐

고요?"라고 건조하게 물어본 적도 있다. 구조적인 문제에서 발생한 불행을 개인이 해결할 수 있을까? '잔혹한 낙관주의'라는 말이 있다. 그녀는 섣부른 낙관이 때때로 잔혹하다는 것을 안다. 하지만, 느슨하게나마 우리를 받쳐줄 메시지를 만들 수 있다면. 반짝반짝 빛나는 사람들의 고유성이 퇴색되지 않도록, 그녀가 바늘 끝이라도 닿을 수 있다면. 그것이 그녀가 브랜드를 만드는 이유다.

8장. 스토리텔링

ling

만들거나, 발견하거나

　소형 가전업계의 '애플'로 불리는 발뮤다의 대표는 원래 기타리스트였다. 10여 년간 무명의 삶을 살다가 결국 음악을 포기한 그는 여자친구 집을 찾았다. 그리고 거기서 우연히 건축 잡지를 보게 된다. 그것이 그에게 '무언가를 만든다'는 것의 매력을 처음으로 느끼게 해준 순간이었다. 마음을 다잡고 그가 처음 만든 제품은 노트북 거치대였다. 인터넷을 통해 재료를 확인하고, 공장을 직접 찾아가 온갖 구박을 받으면서도 마침내 제품을 완성했다. 하지만 얼마 지나지 않아 IMF가 찾아왔다. 꾸준히 이어지던 주문이 거짓말처럼 사라졌다. 그는 마지막으로 선풍기를 만들어보기로 했다. 그리고 보통 선풍기의 10배 가격에 팔리는 '그린팬 S'가 탄생했다.

공감이 만들어내는 스토리의 힘

　박요철 대표의 아들도 기타를 친다. 독학으로 기타를 배우더니 어렵게 들어간 계원예고를 자퇴하고 검정고시를 쳤다. 올해로 두 번째 수능을 준비 중인 아들에게 이 이야기를 들려주었다. 평소에는 내 말을 건성으로 듣던 아들의 눈이 반짝 빛나는 것을 보았다. 이야기의 힘은 공감에서 나온다. 우리는 발뮤다의 성공이 단순히 제품의 품질 때문만이 아니라, 그의 이야기에 끌린 사람들의 공감에서 비롯되었다고 믿는다. 기타를 치는 사람이 아니더라도, 누구나 한 번쯤은 인생에서 실패와 좌절을 경험한다. 소비자들이 제품의 사양만 보고 품질을 판단하기란 쉽지 않다. 디자인과 스토리가 중요한 이유가 바로 여기에 있다.

　'코니'라는 아기띠 브랜드가 있다. 평범한 직장인으로 필라테스를 즐기던 한 여성이 결혼 후 임신을 했다. 그러나 육아의 어려움에 대해 아무도 그녀에게 이야기해주지 않았다. 출산 후, 목 디스크가 찾아왔다. 기존의 아기띠를 사용하고는 도저히 일상생활을 할 수 없는 지경에 이르렀다. 그때 남편이 말했다 "당신에게 꼭 맞는 아기띠를 직접 만들어보면 어떨까?" 그녀는 이 제안을 흘려듣지 않았다. 발뮤다의 대표처럼 전국의 재봉 공장을 수소문하며 제품을 개발했다. 그리고 이 개발 과정을 브랜드의 웹사이트에 고스란히 기록해 두었다.

박 대표의 와이프는 지금도 아이를 임신했을 때의 서운했던 일을 마치 어제 일처럼 이야기한다. 아이를 데리고 동네 한 바퀴만 돌아달라는 부탁을 거절했던 일을 안타깝게도 나는 기억하지 못한다. 그저 미안하고 죄송할 따름이다. 이것은 박 대표 아내만의 이야기가 아니다. 그러니 '코니'의 아기띠가 날개 돋친 듯 팔리고, 방송에 소개되는 것은 전혀 놀라운 일이 아니다. 얼마 전에는 '고기리 막국수'의 김윤정 대표가 반가운 소식을 전했다. 반 년에 한 번씩 받던 남편의 대장 내시경 검사를 이제는 더는 받지 않아도 된다고 페이스북에 올렸다. 암과 싸우는 남편과 함께 일군 막국수집은 전국적인 명소가 되었다. 우리는 이 막국수 맛의 절반이 그들의 고군분투 스토리에서 비롯되었다고 생각한다.

인간은 이야기에 끌린다

인간은 기본적인 욕구가 충족되면 더 높은 욕구를 찾아 나선다. 안전에 대한 욕구, 소속되고 싶은 욕구, 사랑받고 싶은 욕구, 그리고 그 위에는 자존감과 자아실현의 욕구가 있다. 고난을 무릅쓰고 성공을 이룬 사람들의 이야기에 우리가 끌리는 이유는 이 같은 본능 때문이다. 올림픽이나 스포츠 경기가 끝나면 가장 많이 보도되는 것도 결국 스토리다. 영국의 챔피언스 리그는 경기 시즌뿐만 아니라 비시즌에도 끊임없이 새로운 뉴스가 쏟아진다. 한때 해리 케인의 이적 여부를 두고 몇 개월 동안 수많은 기사가 나왔다. 결국 그는 독일로 떠났지만 말이다.

이제 우리 브랜드만의 이야기를 발견해 보자. 만약 발견할 수 없다면 만들어보자. 거짓말로 꾸미라는 것이 아니다. 이제부터 기록을 시작하자는 이야기다. 매력적인 이야기의 공식은 의외로 단순하다. 당신이 지금 어려움에 처해 있다면 그것보다 더 좋은 스토리는 없다. 단, 치열하게 그 해법을 찾아가는 과정이 반드시 뒤따라야 한다. 그리고 그 고민의 과정을 당신만의 SNS 채널을 통해 있는 그대로 전달해 보자. 이때 필요한 것은 글쓰기 실력이나 사진 솜씨가 아니다. 가장 중요한 것은 '꾸준함'이다. 그리고 이 한 가지만 기억하자. 이 과정을 실제로 하는 사람이 의외로 드물다는 사실을.

당신에겐 '팔릴만한' 이야기가 있습니까?

　우리는 잘되는 브랜드와 그렇지 않은 브랜드의 차이를 '스토리'에서 찾는다. 글을 쓰는 것이 우리의 직업이기 때문일지도 모르겠다. 어쨌든 성공한 대부분의 브랜드는 매력적인 이야기를 가지고 있다. 사람을 만날 때도 우리는 그들의 이야기에서 매력을 느낀다. 외모나 스펙보다 몇 배나 더 강한 힘을 가진 것이 바로 이야기다. 좋은 이야기를 듣게 되면, 우리도 모르게 자세를 고쳐 앉고, 시간 가는 줄 모르고 몰입하게 된다.

　한정식 같은 아침상을 받는 카페 주인

매일 아침, 한정식 집을 방불케 하는 밥상을 받는 카페 주인이 있다. 어린 시절 부모 없이 성장한 그에게 이 밥상은 어떤 의미일까? 아마도 장모님의 사랑이 사위에게까지 이어진 것이 아닐까 싶다. 그가 매일 아침 받는 밥상의 사진을 인스타그램에서 본 순간, 우리는 확신했다. 그가 앞으로 어떤 사업을 하든, 장모님의 정성 어린 밥상 덕을 톡톡히 보게 될 날이 올 것이라고.

매일 배달을 하는 냉면집 사장님이 있다. 그는 큰 차들 사이를 오가는 오토바이 배달이 얼마나 위험한 일인지 이야기해주었다. 그러나 그보다 더 힘든 것은 주변의 시선이었다. 어느 날, 비에 흠뻑 젖은 채 엘리베이터에서 나오던 그에게 엄마 손을 잡은 꼬마가 말했다. "이 아저씨, 참 불쌍해…" 그 말을 들은 사장님은 만날 때마다 그 이야기를 했다. 그리고 꼭 덧붙였다 "그때 내가 한 달에 천만 원을 벌고 있었다는 건 아무도 몰랐겠지만…"

'판촉예술가'라는 이름을 지은 사람

마트에서 판촉 사원을 관리하는 대표님을 만났다. 똑 부러지게 말할 줄 아는 이분에게도 큰 고민이 있었다. 바로, 자신의 직업을 바라보는 사람들의 시선이었다. 그는 대기업의 매출을 책임지는 자신의 일이 더 가치 있게 인정받기를 바랐다. 그래서 스스로에게

'판촉예술가'라는 새로운 이름을 붙였다. 만나는 사람마다 그렇게 자신을 소개했고, 자연스럽게 돌아오는 질문에 당당하게 답했다. "내 일은 사람의 마음을 움직이는 '예술'입니다."

유명한 브랜드의 스토리를 여기서 이야기하는 것은 의미가 없다고 본다. 이미 잘 알려진 브랜드이기에 그들의 이야기가 매력적이라고 여길 것이 뻔하기 때문이다. 그러나 우리는 아주 작은 브랜드에서도 그에 못지않은 감동적인 이야기를 발견하고는 한다. 연매출 10억이 안 되는 작은 브랜드의 이야기가 수조 원 규모의 브랜드 이야기보다 훨씬 더 강한 울림을 줄 때가 많다. 우리는 그런 이야기들을 글로 쓰고, 책으로 엮는다. 그리고 그 일이 얼마나 재미있고 보람 있는지 매일 새롭게 깨닫는다.

당신의 이야기를 들려달라

그러니 우리를 만나면 당신의 이야기를 들려달라. 만약 당신에게 그런 이야기가 없다면, 조금은 긴장해도 좋을 것이다. 그러나 작은 식당이든, 가게든, 학원이든, 병원이든 당신만의 이야기가 있다면 우리를 불러달라. 돈을 받지 않고도 당신의 이야기를 세상에 전할 자신이 있다. 당신의 제품을, 당신의 서비스를, 그리고 당신이라는 브랜드를 널리 알릴 자신이 있다.

이제부터라도 우리만의 이야기를 써보자. 기억을 더듬어 글감을 찾아보자. 억지로 이야기를 만들려 하지 말고, 이미 존재하는 이야기들을 찾아보자. 전문가에게 맡길 생각을 하기 전에 직접 써보자. 당신의 이야기를 가장 매력적이고 자신 있게 전할 수 있는 사람은 바로 당신 자신이기 때문이다. 그러나 혹 그 일이 자신 없다면 우리를 찾아달라. 단, 한 가지 조건이 있다. 당신의 이야기가 매력적이어야 한다. 그것이 우리가 당신에게 바라는 유일한 조건이다.

호떡을 파는 사람 vs. 행복을 파는 사람

유튜브 촬영을 계기로 삼청동 호떡집 대표님을 만났다. 한때 슈퍼카를 현금으로 지를 만큼 성공했던 분이었다. 자고 일어나면 현금이 쌓여 있었다고 했다. 하지만 그것도 잠시, 완전히 사업이 망한 그는 생계를 위해 호떡을 선택했다. 그 역시 아이템을 고민하고 입지를 따져보았으며, 자신만의 호떡 레시피를 찾기 위해 많은 노력과 시행착오를 거쳤다. 하지만 그의 이야기를 듣다 보면, 그는 단순히 호떡만 판 것이 아니라는 사실을 금방 깨닫게 된다.

학교가 많다며 학생들에게 공짜로 나눠주고, 임산부라며 무료로 주고, 아들이 군대에 갔다며 군인들에게 그냥 건넸다. 죽지 못해 시작한 호떡 장사가 방송을 타고 해외로 진출한 이유는 단순히 맛 때문만이 아니었다. 그는 호떡을 구실로, 마치 피리 부는 사나이처럼 사람들의 마음을 얻고 있었다.

바쁜 일상에서 한 템포 쉬어가는 '꿀빠는시간'

한때 화장품 브랜드 매니저로 일하던 직장인이 있었다. 많은 이들이 그렇듯 그에게도 번아웃이 찾아왔다. 마침 귀농을 했던 어머니가 양봉을 하고 있었고, 그는 함께 꿀을 팔기로 했다. 그러면서 자신이 겪은 문제가 많은 이들의 고민과 다르지 않다는 것을 깨달았다. 그래서 세상에 이렇게 질문을 던졌다. "꼭 그렇게 바쁘게만 살아야 할까? 조금 더 천천히, 힘을 빼고 살아가는 방법도 있지 않을까?"

이 이야기를 담아 텀블벅 펀딩에 '개꿀잼'이라는 제품을 선보였다. 양봉업자들은 "40대 이하는 절대 꿀을 사지 않는다"고 했지만, 그는 1,500만 원의 매출을 올렸다. 그다음 펀딩에서는 2,500만 원, 이제는 모든 꿀이 스틱 포장으로 바뀌어 '휴식'이라는 이름으로 팔리고 있다. 이것이 바로 '꿀빠는시간'이라는 브랜드의 스토리다.

우리는 누구나 한 가지 이상의 문제를 안고 산다. 그것은 결핍이기도 하고, 불안이기도 하며, 때로는 욕구이기도 하다. 우리는 장사와 브랜딩의 차이가 바로 여기에 있다고 본다. 누군가는 단순히 꿀과 호떡을 판다. 하지만 또 다른 누군가는 손 안의 작은 행복과 휴식을 판다. 말장난처럼 들릴지 모르지만, 이러한 작은 차이가 만드는 결과는 엄청나다. 강남역에서 파는 은반지와 티파니의 실버링은 도대체 무슨 차이가 있는가? 브랜드를 빼고는 설명할 길이 없다.

고장 잘 나기로 유명한 할리데이비슨이 기술적으로 우수한 혼다보다 더 비싸게 팔리는 이유는 무엇인가? 버려진 방수천으로 만든 프라이탁 가방이 수십만 원에 팔리는 이유는 무엇인가? 그들은 단순히 오토바이와 가방을 팔지 않는다. 자유를, 개성을, 그리고 자신만의 이야기를 판다. 프라이탁 가방은 방수천을 오려 만들기에 똑같은 디자인이 단 하나도 없다. 제품이 아니라, 사람들의 내면에 숨겨진 욕망을 팔기 때문이다.

시장을 읽는 힘, 욕구를 이해하는 힘

공부방을 운영하는 두 명의 대표님을 만났다. 한 분은 예의도 없고 속을 알 수 없는 아이들 때문에 힘들다고 했다. 또 다른 한 분은 학부모들 때문에 힘들다고 했다. 그들의 이야기를 들어보니 이유를 알 것 같았다. 아이들이 힘들다고 하는 원장님은 학부모들이 편하다고 했다. 그들의 고민과 필요를 잘 이해하고 있었기 때문이다. 반대로 학부모들이 어렵다고 하는 원장님은 아이들이 원하는 것을 너무도 잘 알고 있었다.

그렇다면 사업을 할 때 아이템과 상권 분석만큼 중요한 것은 무엇일까? 우리는 시장을 고민해야 한다. 더 정확히는 사람들의 '숨은 욕구'를 고민해야 한다. 지금 사람들은 무엇을 힘들어하고 있는가? 어떤 문제를 안고 살아가고 있는가? 무엇을 간절히 원하는가? 이제 60년대생 850만 명이 은퇴를 앞두고 있다고 한다. 이들의 고민은 무엇일까? 그들이 필요로 하는 것은 무엇일까? 이 질문에 대한 답을 찾는 사람에게는 위기가 아니라, 어마어마한 기회가 찾아올 것이다. 그렇게 탄생한 제품과 서비스가 팔리지 않을 리 없다.

제품과 서비스에만 집중하지 말자. 그 너머에 있는 사람들의 문제와 결핍, 필요와 욕망에 귀를 기울여 보자. 우리나라에는 아직도 브랜드가 없는 시장이 많다. 독보적인 규모와 신뢰를 갖춘 곳이 드문 시장이 곳곳에 존재한다. 그리고 바로 그런 곳이 스몰 브랜드와 로컬 브랜드에게는 더없이 큰 기회의 땅이 될 것이다. 개성과 취향이 중요한 MZ세대에게 필요한 것은 바로 '다양성'이라는 가치다. 우리는 이러한 이유로 시장이 훨씬 더 세분화되고 전문화될 것이라고 확신한다.

저성장 시대, 지방 소멸이라는 시대적 화두 앞에서 개성 넘치는 작은 브랜드, 독특한 스토리를 기반으로 한 지역 브랜드들이 더욱 많이 등장할 것이다. 우리는 그런 브랜드를 고민하는 이들을 위해, 그런 브랜드에 열광하는 소비자들을 위해 이 글을 쓴다. 이것이 바로 우리가 찾아낸 이 시대의 니즈(Needs)이자 원츠(Wants)이다. 앞으로 쓰여질 글들이 이 시대적 화두에 대한 또 하나의 개성 넘치는 '답'이 될 수 있기를 바란다.

9장. 브랜드 디자인

Design

동네 카페를 한다면 이곳처럼, 앱스트랙

우리 동네에서 가장 오래된 카페가 하나 있다. 어느 날 문득 궁금해졌다. 도대체 어떤 이유로 이곳이 10년 이상 사랑받고 있을까? 커피 맛이 아주 뛰어난 것도, 인테리어가 특별한 것도 아니다. 그런데 우연히 주인이 손님과 나누는 대화를 듣고 그 비밀을 알게 되었다. 이 카페의 주인은 사실 그 건물의 주인이었다. 하지만 이런 사실을 우리만 알아챈 것은 아니었다. 오래된 가게(노포)들을 연구하는 기관에서도 같은 문제를 겪고 있다고 한다. 차마 연구 결과의 핵심이 '건물주'라는 사실을 대놓고 말할 수 없었기 때문이다.

처음엔 시큰둥했던 카페, 그러나 매력을 알게 된 곳

우리 동네에 새로 생긴 카페 '앱스트랙'을 처음 보았을 때, 솔직히 큰 기대는 하지 않았다. 얼마나 오래갈까 싶었고, 젊은 주인의 야심과 결기를 살짝 비웃는 마음도 있었다. 특히 레고 블록처럼 불편해 보이는 테이블과 의자를 보고는 더욱 확신했다. 사람들이 오래 머물지 못하게 하려고 일부러 그런 가구를 들여놓은 것이 아닐까 생각했다. 그런데 수년이 지난 지금, 이 카페는 우리가 가장 자주 찾고, 가끔은 자랑까지 하는 공간이 되었다. 카페 천국이라 불리는 대한민국, 그것도 까다로운 취향을 가진 분당의 골목길에서 이 카페가 어떻게 생존하고 있을까?

카페 앱스트랙은 취향이 확실한 곳이다. 각 층마다 놓인 보스(Bose) 브랜드의 스피커 두 대가 좁은 공간을 가득 채운다. 음악에 조예가 깊지 않더라도, 누구나 듣기 좋은 세련된 음악이 흐른다. 가사가 있는 노래가 방해가 될 수 있기 때문인지, 가요나 아이돌 음악은 한 번도 들은 적이 없다. 좁은 공간이지만, 두 면을 가득 채운 통유리 덕분에 개방감이 느껴진다. 등을 돌리고 앉아 있으면, 사실상 좁은 입구를 제외한 전면이 트여 있다. 오렌지와 베이지 컬러의 조화는 공간뿐만 아니라 작은 소품 하나에도 적용된다. 주인은 같은 컬러의 마스킹 테이프를 따로 판매하기까지 한다.

합판으로 만든 큐브 형태의 테이블과 의자는 결코 편하지 않다. 하지만 푹 꺼지는 패브릭 소재의 일반 가구는 이곳의 인테리어와 어울리지 않았을 것이다. 불필요한 장식이 없는 이곳의 콘셉트는 심플 앤 베이직(Simple & Basic), 무지(MUJI)나 유니클로 제품을 아무거나 가져다 놓아도 잘 어울릴 것 같은 공간이다. 커피잔 역시 이 콘셉트를 벗어나지 않는다. 그레이 컬러의 잔에는 어떤 장식도 없고, 커피를 주문하면 별도의 쟁반 없이 두 장의 냅킨과 함께 서빙된다. 주인의 취향을 엿볼 수 있는 신발, 퀵보드, 심지어 공기청정기 브랜드까지 모든 것이 철저히 고민된 흔적이 엿보인다. 화장실 키조차도 이 카페의 테마 컬러가 적용된 테이프로 감싸져 있을 정도다.

카페를 채우는 소소한 행복

이곳에는 봉길이와 쏭쏭이라는 두 마리 강아지가 수시로 돌아다닌다. 따로 공지가 있지는 않지만, 그래서인지 반려견을 동반한 손님이 많다. 처음에는 강아지가 카페 안을 돌아다니는 것이 낯설었지만, 어느새 그들의 소란스러움을 자연스럽게 받아들이고 있었다. 카페 바깥에는 캠핑장에서나 볼 법한 휴대용 의자와 음료 상자 같은 플라스틱 의자가 가지런히 놓여 있다. 오렌지와 흰색의 컬러

테마는 이곳에서도 철저히 유지된다. 사람들이 반려견을 데리고 와 서로 인사하는 훈훈한 풍경이 자주 연출된다.

소란스러운 카페를 선호하지 않는 우리조차도 그런 풍경을 보며 몇 번이고 개를 키우고 싶다는 생각을 했다. 그래서인지, 누군가는 이곳을 '애견 카페'라고 부르기도 한다. 하지만 일반적인 애견 카페처럼 인위적인 느낌이 아니라, 자연스럽게 반려견과 함께할 수 있는 분위기가 만들어진 곳이라는 점이 다르다. 그건 마치 이 카페에 깃든 행복한 아우라 같은 것이다.

스타벅스에서 최고의 커피 맛을 기대하는 사람은 많지 않다. 균일한 품질을 유지하기 위해 다크하게 로스팅한 커피는 사실 라떼가 아니면 탄 맛이 강하다. 하지만 사람들이 스타벅스에서 기대하는 것은 '맛'이 아니라 '편안함'이다. 스타벅스가 직영점을 고집하는 이유도 여기에 있다. 고용이 안정된 직원들은 친절을 강요받지 않고, 설사 커피를 시키지 않고 자리만 차지하고 있어도 눈치를 주지 않는다. 건물주들이 1층에 스타벅스를 입점시키고 싶어하는 이유도 같은 맥락이다. 하루하루 매출에 조급해하는 개별 카페와 달리, 스타벅스의 여유로운 분위기는 건물의 가치를 높인다. 카페 앱스트랙 역시 스타벅스가 보여준 일상의 여유로움을 동네 카페에서도 구현할 수 있음을 증명하는 듯하다.

카페는 커피만을 파는 곳이 아니다

　카페는 기본적으로 커피를 판매하는 공간이다. 하지만 커피와 사람이 만나 만들어내는 가치를 생각해보면, 카페의 역할은 얼마든지 확장될 수 있다. 19세기 말 파리를 가득 채웠던 긍정과 낭만의 시대를 우리는 벨 에포크(Belle Epoque) 라고 부른다. 이 시대의 카페들은 단순한 커피숍이 아니었다. 헤밍웨이가 소설을 쓰고, 피카소가 그림을 그리고, 예술가들이 열정을 쏟아내는 문화적 자양분이 가득한 공간이었다.

　동네에 카페를 열기 위해 벨 에포크의 역사적 의미를 알 필요는 없다. 하지만 그저 커피를 파는 곳으로만 인식한다면, 대한민국에서 카페로 생존하는 것은 거의 불가능에 가깝다. 좋은 원두로 훌륭한 커피를 내놓는 곳이 너무 많기 때문이다. 결국 중요한 것은 주인의 취향이다. 좋아하는 컬러, 음악, 책, 그림, 스피커, 공기청정기 브랜드까지. 취향이 확고한 공간은 자연스럽게 남다른 분위기를 형성한다.

　이런 점에서, 카페 한편을 장식하고 있는 '매거진 B'는 우연히 놓인 것이 아닐 것이다. 방문 일시를 적는 필기구조차도 무지(MUJI) 매장에서 보았던 그 펜이었다. 우리도 정확히는 알 수 없지만, 굳이 이 카페를 찾게 되는 이유가 있다. 그리고 그 매력의 절반은 분명 이곳을 만든 주인의 몫일 것이다. 이 카페를 좋아하는 사람들을 모아보면 공통점이 많을 것이다. 그리고 우리는 이런 과정을 다름아닌 브랜딩이라고 부른다.

떡볶이가 아닌 '감성'을 파는 곳, 도산분식

땅값 비싸기로 유명한 신사동 가로수길에 요즘 핫하다는 분식집이 하나 있다. 메뉴가 조금 특이하긴 하지만 그렇다고 아주 특별한 것은 아니다. 메인은 떡볶이, 김밥, 김치볶음밥, 비빔면 같은 익숙한 음식이고, 여기에 홍콩 토스트와 돈까스 샌드 같은 색다른 메뉴가 추가되어 있다. 최근에는 명란 에그라이스와 마라탕 라면까지 새롭게 등장했다. 요즘 젊은이들이 좋아할 만한 조합이다. 하지만 이곳을 다녀온 후기들을 보면, 맛이 특별하다는 얘기를 찾기 어렵다. 가격도 만만치 않다. 김치볶음밥이 8,800원, 마라탕 라면은 8,500원이다. 뭔가 분식을 고급화한 느낌이다. 그런데도 이 가게는 20~30대 여성 손님들로 늘 북적인다. 신기한 일 아닌가? 도대체 어떤 매력이 있기에 이 집은 떡볶이를 팔면서도 이렇게 힙한 핫플레이스가 될 수 있었을까?

감성을 자극하는 요소, 디테일에서 찾다

그 비밀의 힌트 중 하나는 물병에서 찾을 수 있다. 이곳은 '응답하라' 시리즈에 나오는 냉장고 속 델몬트 주스병을 그대로 가져다 놓았다. 한 손으로 들기 버거울 정도로 커다란 유리병, 보는 것만으로도 80년대 정서가 물씬 풍기는 보리차 담는 병이다. 그리고 메뉴판 하단에는 이 가게의 정체성을 설명하는 문구가 적혀 있다. "도산분식은 단순한 밀가루 음식이 아닌, 우리의 추억을 되살린 분식의 새로운 물결입니다." 또 다른 힌트는 그릇에서도 찾을 수 있다. 우리가 분식집에서 종종 보던 녹색과 흰색이 조화를 이루는 에나멜 그릇. 도산분식은 모든 음식을 이 그릇에 담아낸다. 가격이 저렴한 그릇을 사용하지만, 그 선택은 철저히 의도적이다. 그렇다. 이곳은 단순히 분식을 파는 것이 아니다. '갬성(감성)'을 판다. 떡볶이가 아니라 추억을 판다.

이런 사실을 알고 나면, 왜 이곳이 핫한지 조금은 이해가 간다. 요즘 이런 가게들이 점점 많아지고 있다. 예를 들어, 요즘 가장 잘

나간다는 '프릳츠'라는 카페를 보자. 이곳의 메뉴판이나 광고 포스터에는 정겨운 옛날 폰트가 그대로 쓰여 있다. 광고 카피도 80~90년대 감성이 물씬 풍긴다. 물론 이곳은 커피를 잘 아는 사장님 덕분에 이미 유명해진 곳이다. 하지만 사람들이 프릳츠에 끌리는 이유가 단순히 커피 맛 때문만은 아닐 것이다. 이들 브랜드는 요즘 소비를 주도하는 밀레니얼 세대의 숨은 욕구를 제대로 읽었다. 이들은 맛만을 중요하게 여기지 않는다. 항상 새로운 것을 원하고, 힙한 장소를 찾아다닌다. 그런 곳이 있다면 아무리 외진 곳에 있어도, 골목 깊숙이 숨어 있어도 기어이 찾아간다. 도산분식이 잘되는 이유도 결국 같은 맥락이다.

이제는 '추억'과 '감성'을 파는 시대

한때는 만들기만 하면 팔리는 시대가 있었다. 하지만 이제는 아니다. 요즘은 어떤 음식을 만들어도, 어떤 제품을 만들어도 기본적인 맛과 성능은 일정 수준 이상으로 올라와 있다. 즉, 가성비가 중요한 시대가 되었다. 발품을 팔고 손가락 품을 들이면, 훨씬 저렴한 가격으로 좋은 제품을 얼마든지 구할 수 있다. 중국은 물론이고, 미국의 아마존까지 검색하면 못 구할 물건이 없다. 그렇다면, 이런 시대에 성공하는 사람들은 어떤 전략을 사용할까? 그 해답은 수입하거나 베낄 수 없는 것, '추억'과 '감성'을 파는 것에 있다. 도산분식만 봐도 그렇다. 맛이 특별하다는 평가는 찾아보기 어렵다. 하지만 이곳은 80~90년대의 정서와 분위기를 팔고 있다. 그래야 인스타그램에 올릴 사진이 생기고, 친구들에게 자랑할 수 있기 때문이다.

우리는 이런 가게들을 '브랜드'라고 부르고 싶다. 작지만 강한 '스몰 브랜드'라고 말하고 싶다. 도산분식의 성공은 결코 우연이 아니다. 이 가게의 창업자는 강남과 가로수길 일대에서 이미 10개 이상의 매장을 성공시킨 브랜드 전문가다. 한때 핫했던 '배드파머스'와 여전히 인기 있는 '아우어베이커리'도 바로 이들이 만든 브랜드다. 요즘 친구들에게 물어보라. 아니면 인스타그램에서 검색해보라. 도산분식에서 인증 사진을 남긴 게시물이 얼마나 많은지. 이제는 음식을 잘 만드는 것만으로는 부족한 시대다. 거기에 다른 무언가를 더해야 성공할 수 있다. 도산분식은 그 해답을 레트로 감성, 즉 추억을 파는 것에서 찾았다.

당신이라면, 떡볶이를 어떻게 팔겠는가?

어떤가? 한 번쯤 가보고 싶지 않은가? 이 글을 읽는 여러분에게 묻고 싶다. 만약 우리가 떡볶이를 판다면, 어떻게 팔고 싶은가?

이 질문을 던질 때, 한 가지만 기억하면 된다. 이제는 맛만으로는 부족한 시대라는 사실을. 물론, 맛은 기본이다. 제품의 품질이 중요하다는 사실은 변하지 않는다. 하지만 그것만으로는 부족하다. 그러니 스스로에게 질문해보자. "내가 파는 음식, 내가 만드는 제품은 사람들의 어떤 숨은 욕구를 채우고 있는가?" 이걸 아는 사람이 성공하는 시대다. 도산분식은 그것을 해냈기에 힙한 가게가 된 것이다. 머리 아프다고? 그래도 어쩔 수 없다. 요즘 소비자들의 마음을 사로잡으려면 고민해야 한다. 이런 걸 우리는 '브랜딩이 되었다'고 말한다.

서초동 어느 작은 디저트 가게의 브랜딩에 대한 보고서

서초구의 어느 골목 깊숙한 곳에 위치한 '로야디'는 작은 디저트 가게다. 사람을 좋아하고 선물하기를 즐기던 가게 사장은 세상에 없는 떡 디저트를 만들겠다는 포부로 매장을 열었다. 그렇게 탄생한 메뉴가 바로 떡 샌드위치와 백설기 같은 독창적인 디저트였다. 하지만 손님들은 흥미롭게 바라보기만 할 뿐, 선뜻 구매하지 않았다. 가게를 연 지 2년이 지나갈 무렵에는 매장을 불법 개조했다는 신고로 인해 떡 찜기조차 사용할 수 없게 되었다. 절망적인 상황에 놓인 사장은 심각하게 가게를 접을 고민까지 하게 되었다.

위기가 가져온 새로운 기회

그러나 이 위기는 전화위복의 기회가 되었다. 떡을 찌는 것이 불가능해지자, 쌀가루로 베이킹을 시작하게 된 것이다. 그렇게 탄생한 메뉴가 바로 '찰떡 브라우니'였다. 찰떡의 쫀득한 식감과 브라우니의 고소한 맛이 어우러진 이 디저트는 젊은 직장 여성들에게 폭발적인 반응을 얻었다. 이후 여섯 가지의 찰떡 브라우니가 탄생했고, 덕분에 '로야디'는 6년 차에 접어든 지금도 여전히 그 자리를 지키고 있다. 오직 떡으로 디저트 시장을 바꾸겠다는 고집을 내려놓자, 비로소 손님들이 정말 원하는 메뉴를 만들어낼 수 있었던 것이다.

대부분의 창업자들은 자신의 창업 아이템에 대해 지나칠 정도의 자부심과 확신을 가지고 일을 시작한다. 사실, 그조차 없다면 이 험난한 시장에서 창업을 생각하는 것 자체가 불가능한 도전일지도 모른다. 하지만 소비자들의 선택은 보수적이다. 익숙한 맛과 경험을 선호하는 것이 일반적이다. 그런 환경에서 단순히 차별화를 위한 차별화는 오히려 독이 될 수 있다. 세상에 없는 아이템이라는 호기로운 도전이 쉽게 절망으로 바뀌는 이유도 여기에 있다. 그렇다면 '로야디'의 대표는 어떻게 이 위기를 극복할 수 있었을까?

커피와 디저트, 변할 수 있는 습관

우리나라에는 약 13만 개의 카페가 존재한다. 반면, 가까운 일본에서는 1980년대에 가장 많았던 시기가 15만 개 정도였으나 현재는 5만 개로 줄어들었다. 그 이유는 일반 식당에서도 커피와 디저트 판매를 시작했기 때문이다. 우리나라의 커피 전문점이 이렇게 많은 이유는 단순히 커피의 맛 때문만은 아닐 것이다. 커피를 마시는 것이 하나의 습관, 즉 루틴과 리추얼이 되었기 때문이다. 과거에는 식사 후 숭늉을 찾았던 것처럼, 지금은 그 빈자리를 커피가 채우고 있는 것이다. 그러나 이러한 습관은 언제든 바뀔 수 있다. 그렇기 때문에 카페와 디저트 시장에서도 진정한 의미의 차별화가 필요해진다.

'로야디'의 대표는 한 번 더 자신이 창업한 이유를 되돌아보았다. 처음 디저트 가게를 열 때, 그녀는 단순히 색다른 떡 디저트를 만들겠다는 목표보다 '선물하기를 좋아하는 마음'이 더 컸다. 어느 날, 치토스를 좋아하는 친구를 위해 온갖 종류의 치토스를 찾아 리본으로 포장해 선물한 적이 있었다. 친구가 만족스러워하는 모습을 보며 그녀는 누군가를 선물로 기쁘게 하는 순간에서 자신의 가치를 확인했던 것이다. 결국, 디저트 카페는 단순한 비즈니스가 아니라, 사람들에게 기쁨을 주는 하나의 도구였다. 찰떡 브라우니의 성공도 여기에서 비롯되었다. 찰떡 브라우니는 선물하기에 적합한 제품이었고, 그 가치는 '디저트'가 아니라 '선물'에 있었다.

브랜드의 지속 가능성을 만드는 법

오래도록 사랑받는 브랜드가 되려면 반드시 진정한 의미의 차별화가 필요하다. 그리고 그 차별화는 쉽게 복제될 수 있는 아이템이 아니라, 브랜드의 본질적인 가치를 고민하는 데서부터 시작된다. 진정한 브랜딩이란 결국 소비자들의 필요와 욕망을 채워주고, 불안과 결핍을 해소하는 데서 출발한다. 그런 의미에서 '로야디'는 단순한 디저트 가게가 아니라, '선물의 기쁨과 행복'을 전달하는 브랜드로 자리 잡아야 한다. 즉, 반드시 떡 디저트에 매달릴 필요는 없다. 브랜드의 핵심 가치가 '선물'이라면, 얼마든지 확장 가능성이 있는 사업이 될 수 있다.

일부 사람들에게 '선물하기'는 꽤 어려운 문제이자 고민거리다. 우리 중 한 사람 역시 와이프에게 영어 성경책을 생일 선물로 줬다가, 두꺼운 책에 머리를 맞을 뻔한 적이 있다. 이처럼 로야디는 단순한 디저트 판매를 넘어, 선물에 대한 고민을 해결하는 브랜드로 나아갈 수도 있다. 예를 들어 상대방을 감동시킬 수 있는 선물 컨설턴트 역할을 하거나, 다양한 상황에 맞는 선물 가이드를 제작하거나, 선물 포장 박스와 리본을 전문적으로 판매하는 매장을 운영할 수도 있다. 왜냐하면 이 브랜드의 본질적인 가치는 '선물을 통해 사람을 기쁘고 행복하게 만드는 것'이기 때문이다.

　창업을 준비하고 있다면, 또는 이미 창업을 한 상태라면, 주말 하루쯤 시간을 내어 자신의 핵심 가치가 무엇인지 다시 생각해보자. 내가 왜 이 일을 시작했는지 스스로에게 질문하고, 'Why'를 깊이 고민해 보자. 어쩌면 그 과정에서 지속 가능한 차별화에 대한 아이디어를 얻게 될지도 모른다. 세상에는 수많은 디저트 카페가 존재한다. 하지만 '치토스의 추억'에서 시작된 브랜드는 드물다. 선물의 기쁨과 행복을 아는 사람이 만든 디저트 카페는 결코 평범할 수 없다. 찰떡 브라우니의 성공은 어쩌면 '색다른 디저트'가 아니라, '선물의 가치'를 우연히 깨닫게 된 순간부터 시작되었을지도 모른다. 그리고 이것이야말로 스몰 브랜드가 지향해야 할 진정한 '브랜딩'이다.

10장. 마케팅 전략

200년 가는 안경 가게의 단 한 가지 비밀

'전략'은 본래 전쟁 용어다. 어원을 따지자면 적군보다 더 좋은 위치를 선점하는 것을 의미한다. 높은 고지를 점령하면 적의 움직임을 쉽게 파악하고, 유리한 위치에서 싸울 수 있다. 힘이 좋다면 정면 승부를 걸 것이고, 머리가 좋다면 더 강한 아군을 만들어 함께 싸울 것이다. '지피지기(知彼知己)' 역시 전술의 핵심이다. 이를 브랜드 전략에 적용해 보면, 나를 알고 시장을 아는 것이 곧 승리의 핵심 요소가 된다. 브랜드 전략이란 결국 시장에서 내 제품과 서비스를 효과적으로 판매하는 방법을 찾는 과정이다.

레드불과 톰 소여의 공통점

'레드불'은 원래 동남아에서 박카스와 비슷한 소프트 드링크였다. 그러나 어느 날 '에너지 드링크'라는 새로운 카테고리를 만들며 시장에 등장했다. 소비자의 인식을 바꾸는 전략이 만들어낸 결과였다. 이는 프로스펙스가 '워킹화'라는 개념을 만들어낸 것과 같다. 노동의 본질이 바뀌지는 않았지만, 그것을 바라보는 사람들의 인식이 바뀐 것이다. 마크 트웨인의 소설 『톰 소여의 모험』에서도 이런 전략적 사고를 발견할 수 있다. 톰은 지루한 페인트칠을 해야 했지만, 이를 돈을 받고 할 수 있는 '즐거운 놀이'로 바꿔버렸다. 스스로를 바꿀 수 없다면 시장의 룰을 바꿔야 한다. 이처럼 브랜드 전략은 기존의 틀을 깨고, 새로운 기준을 만들어 가는 과정이다.

구로 근처에서 작은 안경점을 운영하던 사장님이 있었다. 그는 15년 동안 매일 아침 7시 거리로 나가 초코파이를 나눠주며 "좋은 하루 되실 겁니다. 안경은 으뜸50에서"라는 말을 건넸다. 그렇게 매출이 오르자 이번에는 임대료가 문제가 됐다. 보증금 1억에 월세 100만 원이던 가게는 어느새 보증금 3억, 월세 650만 원으로 뛰었다. 결국 그는 월세를 줄이기 위해 신림동의 3층 상가 건물로 이동했다. 장사는 위치보다 중요한 것이 있다고 믿었기 때문이다.

반값 전략, 그리고 규모의 경제

그가 중요하게 생각한 것은 제품의 가격과 품질, 그리고 서비스였다. 사람들이 많이 찾는 곳에 가게를 여는 대신, 고객이 와도 만족할 수 있는 새로운 매장 동선을 만들었다. 기존 안경점에서는 안경을 꺼내려면 점원이 필요했다. 그러나 으뜸50은 고객이 직접 안경을 꺼내 착용할 수 있도록 매장을 설계했다. 또한, 직접 디자인한 안경을 국내 공장에서 주문 생산하는 구조를 만들었다. 직접 제작부터 유통까지 관리하면서 가격 대비 높은 품질을 유지할 수 있었고, 공장에서도 대량 주문을 받는 중요한 고객으로 대우하기 시작했다.

으뜸50은 보통 30만 원 정도에 판매되던 누진다초점렌즈를 15만 원에 팔기 시작했다. 당장은 매출이 줄어들 것이라는 걱정이 있었지만, 결과는 달랐다. 손님들은 반값이라는 이유로 한 개가 아닌 두 개를 구매했고, 더 자주 방문하며 쉽게 안경을 교체했다.

협력사와의 관계도 중요하게 여겼다. 일반적인 안경업계는 공장 → 도매업체 → 프랜차이즈 본사 → 안경점으로 이어지는 유통 구조를 가진다. 하지만 으뜸50은 납품받은 제품을 빠르게 결제해 주는 대신, 공장에서 직접 각 매장으로 유통되도록 만들었다. 이를 통해 중간 유통 비용을 줄이고, 가격 경쟁력을 유지할 수 있었다.

장사가 잘되자, 으뜸50을 따라 하는 업체들이 우후죽순 생겨났다. 하지만 이미 150개 이상의 프랜차이즈를 보유한 으뜸50의 규모의 경제를 쉽게 따라잡을 수는 없었다. 그들이 200년 가는 브랜드를 꿈꿀 수 있는 이유는 단순히 '싸게 판다'는 전략 때문이 아니다. 고객을 최우선으로 두고, 체인점을 그다음으로 생각하며, 본사가 가장 아래에서 지원한다는 철학을 유지했기 때문이다.

단순한 가격 경쟁이 아닌, 지속 가능한 시스템

안경점이 2층, 3층에 위치하면 저렴한 가격이 가능하다는 논리는 누구나 이해할 수 있다. 그러나 이것만으로 차별화가 되지는 않는다. 누구나 쉽게 따라 할 수 있는 방식이기 때문이다. 지금의 으뜸50을 만든 것은 정직과 꾸준함이라는 가치였다. 당장의 수익을 좇는 가게와, 200년을 내다보는 가게의 차이는 당장은 보이지 않지만, 10년, 20년이 지나면서 점점 따라갈 수 없는 격차로 벌어진다.

공부에 왕도가 없듯, 사업에도 확실한 성공 공식은 없다. 하지만 200년을 내다보는 마음가짐은 보이지 않는 차이를 매일 조금씩 쌓아간다. 당신이 지금 하고 있는 일은 어떤가? 몇 년 앞을 내다보고 지금의 결정을 선택하고 있는가? 이 작은 안경점은 그렇게, 오늘도 당연한 상식을 지키며 성장하고 있다.

동네 브랜드는 어떻게 성장하는가?

우리 중 박요철 대표는 중학생들을 대상으로 글쓰기를 가르친 적이 있다. 워크숍 이후 반응이 좋아 온라인 미팅을 열었고, 학생들에게 궁금한 점을 물어보라고 하니 예상했던 질문들이 나왔다. "첫 문장은 어떻게 써야 하나요?", "제목을 잘 짓는 방법이 있나요?", "글을 쓸 때 항상 마무리가 고민돼요." 글쓰기를 배우는 어른들도 마찬가지다. 하나같이 글을 잘 쓰는 방법, 즉 'How'에 집중한다. 하지만 우리는 오히려 역으로 질문을 던졌다. "왜 글을 잘 쓰고 싶나요?", "좋은 글이란 어떤 글일까요?", "무슨 소재로 글을 쓰고 싶나요?" 좋은 글을 쓰는 사람들은 단순한 기교에 집착하지 않는다. 왜 글을 써야 하는지 고민하고, 항상 글감을 관찰하고 수집하는 사람들이다. 그리고 우리는 이 진리에 가까운 교훈을 한 작은 수제 햄버거 브랜드에서 배웠다. 바로 부천에서 시작해 이제 서울을 포함한 6개의 직영점을 운영하는 '크라이치즈버거'다.

크라이치즈버거가 보여준 기본의 힘

이 버거에는 순소고기 패티, 치즈, 양상추, 양파, 토마토가 들어간다. 특별할 것 하나 없는 기본에 충실한 버거다. 그런데도 이곳을 찾는 사람들은 버거 마니아들이 많다. 미국에서 먹었던 인앤아웃 버거를 떠올리는 사람도 많고, 초창기 버거킹의 맛을 떠올리는 사람도 있다. 하지만 몇 번을 가보고, 주변 사람들에게 물어봐도 그 '맛'의 비밀을 정확히 설명하는 사람은 없었다. 대표를 만나 직접 공장까지 찾아가 그 비법을 물었지만, 답은 한결같았다. "비결은 없습니다. 기본을 지키는 게 가장 어려운 일이죠."

크라이치즈버거는 패티에 다른 고기를 섞지 않는다. 100% 순소고기 패티는 냉동이 아닌 냉장으로만 배달된다. 패티는 주문 즉시 굽기 시작한다. 감자튀김 하나를 위해 전 세계를 돌아다니며 최고의 튀김용 감자를 찾았다. 그 결과, 호주의 한 작은 브랜드에서 이상적인 감자를 발견했다. 그리고 우리는 이들에게서 '장인'의 모습을 보았다. 마치 한 편의 원고를 완성하기 위해 끊임없이 퇴고를 거듭하는 작가처럼, 이들은 버거의 기본에 집착했다.

원칙을 지킨다는 것의 의미

이들은 독특한 맛을 내기 위해 특별한 재료나 기교를 더하지 않았다. 오히려, 몇십 년 만에 겨우 메뉴 하나를 추가했다는 인앤아웃의 철학을 존중하며, 자신들의 버거가 가져야 할 기본을 고민했다. 그 결과, 이들이 던지는 질문은 달랐다. "어떻게 하면 더 특별한 맛을 낼까?"가 아니라, "왜 우리가 최고의 버거를 만들어야 하지?", "정통 버거에 가장 잘 어울리는 재료는 무엇일까?"

이 질문에 답하기 위해 대표는 매장이 아닌 공장에서 살다시피 했다. 버거의 맛을 가장 잘 살릴 수 있는 최적의 패티 두께, 치즈의 두께를 고민했고, 양상추의 아삭함을 유지하기 위해 2kg이 아닌 1kg 단위로 포장하도록 했다. 치즈 크기와 소금의 입자 크기까지도 고민했다. 결국 이 모든 과정은 '기본을 지키는 일'로 귀결되었다.

그 과정에서 쉽지 않은 선택도 많았다. 원가 비율이 가장 높은 최고급 원료만 사용해 밀크셰이크를 만들었고, 주문 즉시 패티를 굽는 시스템을 유지하기 위해 프랜차이즈 매장보다 훨씬 많은 직원을 고용했다. 어느 날, 바삭한 맛이 뛰어난 감자를 찾아온 직원이 흥분하며 보고했지만, 시간이 지나면서 눅눅해지는 특성 때문에 결국 5천만 원어치 수입 감자를 포기해야 했다.

브랜드의 성장은 '가치'가 결정한다

처음에는 부천의 자랑이던 이 브랜드가 서울에 입성한 지는 얼마 되지 않았다. 하지만 그 사이, 부천 매장에서 아르바이트를 하던 직원들이 삼성점, 양재점, 상암점의 점장이 되었다. 크라이치즈버거는 세계 최고의 버거를 만들겠다는 목표를 가진 젊은이들이 만들어가는 브랜드다. 그리고 그 '이유'에 공감한 직원들이 남아, 느리지만 확실하게 성장해 나가고 있다.

우리는 크라이치즈버거에서 중요한 교훈을 얻었다. 이들은 비법이 담긴 특별한 소스나 자극적인 재료에 의존하지 않는다. 대신 신선함과 친절함이라는 원칙을 고수했다. 원래의 맛을 지킬 수 있다는 확신이 서기 전까지 배달 서비스를 도입하지 않은 이유도 이 원칙 때문이었다. 결과적으로, 이들은 자신들이 만든 버거에서 자부심을 느낄 수 있는 브랜드를 만들어냈다.

결국 좋은 브랜드와 좋은 글은 닮아 있다. 사람들은 글을 잘 쓰고 싶어 하지만, 정작 왜 글을 쓰고 싶은지, 무엇을 쓰고 싶은지에 대해서는 깊이 고민하지 않는다. 브랜드 역시 무엇을 팔 것인가? 에만 집중할 뿐, 왜 이 브랜드가 존재해야 하는가?를 묻지 않는다. 크라이치즈버거가 성공할 수 있었던 이유는 기본을 지키며, 가장 본질적인 질문에 집중했기 때문이다. 우리는 지금 하고 있는 일에서, 몇 년 앞을 내다보고 있는가? 기본을 지키는 것이 가장 어려운 일이지만, 그것이 결국 브랜드를 결정한다. 크라이치즈버거는 지금도 소리 없이 성장하는 중이다.

스스로 성장을 제한하는 브랜드들

　개인화와 커스터마이징은 현대 소비자들의 핵심적인 욕구를 충족시키는 중요한 요소로 자리 잡고 있다. 특히 "내 아이만을 위한" 특별한 제품을 만들고 싶어 하는 부모들의 욕구는 커스터마이징 서비스가 성공할 수밖에 없는 이유 중 하나다. 단순히 이름을 새겨 넣은 스티커나 맞춤형 자수를 제공하는 서비스조차도 제품 이상의 정서적 가치를 전달하며, 소비자들에게 큰 만족을 준다.

　한국 시장에서는 이러한 개인화된 서비스가 특히 강한 경쟁력을 보인다. 맞춤형 스티커와 같은 간단한 아이템도 저렴한 비용과 높은 품질로 제공되며, 이는 고객들의 반복 구매로 이어진다. 한

독일 여성과 결혼한 소비자가 한국의 커스터마이징 서비스에 감탄하며 재구매를 요청한 사례는, 한국 시장이 얼마나 정교한 개인화 서비스를 제공할 수 있는지를 보여주는 대표적인 예다. 단순히 기능적인 맞춤 제작을 넘어, 소비자가 원하는 정서적 가치를 담아내는 것이 커스터마이징 시장의 핵심이다.

브랜드의 지속 가능성을 고민하는 성장 전략

브랜드의 지속 가능성을 고민하는 과정에서 일부 브랜드는 의도적으로 성장을 제한하는 선택을 한다. 단순히 매출 증대와 확장을 목표로 하지 않고, 브랜드의 생명력을 지키기 위한 전략적 판단을 내리는 것이다. 이는 단순한 돈이나 욕심의 문제가 아니라, 브랜드가 지닌 본질을 유지하기 위한 본능적인 선택일 수 있다. 성장을 제한하는 기업들은 대규모 매출을 올리는 것보다 독창성과 정체성을 유지하며, 특정 소비자들에게 깊은 인상을 남기는 것을 목표로 한다.

세상은 종종 매출 300억 원 이상의 브랜드에 주목하지만, 100억~200억 원 규모의 탄탄한 사업도 그 자체로 엄청난 성과이며, 경제적 자립과 지속 가능성을 동시에 이루는 사례로 볼 수 있다. 개인화 시장에서는 규모의 경제보다 고객과의 깊은 관계 형성이 더 중요한 요소로 작용한다. 소비자들은 대량 생산된 제품보다 자신만을 위해 만들어진 제품에 더 큰 애정을 느끼며, 이는 브랜드에 대한 높은 충성도로 이어진다. 따라서, 성장보다는 정체성과 품질에 집중하는 것이 개인화 시장에서 성공을 지속할 수 있는 핵심 전략이다.

브랜드가 단순한 매출 증가를 넘어, 소비자의 삶에 깊은 가치를 더하는 방향으로 나아갈 때, 장기적인 성공이 가능해진다. 결국, 커스터마이징과 개인화는 단순한 트렌드가 아니라, 현대 소비자들의 정체성과 욕구를 충족시키면서 브랜드가 장기적인 관계를 구축하는 데 중요한 역할을 한다.

성장보다 중요한 브랜드의 철학과 정체성

하나의 제품이나 매장을 성공시킨 후에는 프랜차이즈 확장이나 외부 투자의 유혹이 뒤따르기 마련이다. 하지만 이러한 선택이 항상 브랜드의 성공과 연결되는 것은 아니다. 오히려 브랜드의 철학과 가치를 지키기 위해 성장을 제한하는 것이 더 현명한 경우도 있다. 대표적인 사례가 앞서 소개한 크라이치즈버거다.

이 브랜드는 유명 방송 프로그램 '수요미식회'의 출연 요청을 거절하며 화제가 되었다. 이는 단순히 홍보를 포기한 것이 아니라,

품질 유지와 고객 경험을 지키기 위한 전략적인 선택이었다. 많은 브랜드가 방송 출연 후 급격한 인기를 얻었지만, 이로 인해 품질 관리가 어려워지고 기존 단골 고객들이 떠나는 상황을 겪기도 했다. 크라이치즈버거는 이러한 문제를 철저히 경계하며, 작은 규모에서 철학과 품질 중심의 운영 방식을 택했다.

성공적인 브랜드는 단순히 돈을 많이 벌기 위해 확장하는 것이 아니라, 자신의 컨셉과 정체성을 유지하며 차별화된 가치를 전달하는 데 집중한다. 브랜드가 오래 지속되기 위해서는 "나다움"을 기반으로 한 철학이 필요하다. 시장 점유율 확대와 매출 극대화를 목표로 하는 프랜차이즈 전략과, 신뢰와 정체성을 유지하며 오랜 기간 사랑받는 브랜드를 지향하는 소규모 운영 방식은 전혀 다른 길이다. 철학은 거창한 개념이 아니다. 브랜드 운영자가 나만의 가치와 운영 방식을 정하고, 이를 일관되게 실천하는 태도가 철학의 핵심이다. 크라이치즈버거처럼 '품질 유지와 브랜드 생명력을 최우선으로 하는' 태도는 특정 소비층에게 깊은 신뢰를 형성하며, 단기적인 이익을 넘어 브랜드의 지속 가능성을 확보하는 데 기여한다.

확장이 아닌 지속 가능성

이처럼 스스로 성장을 제한하는 브랜드는 단순히 확장을 목표로 하지 않는다. 오히려 브랜드의 본질을 지키고, 장기적인 가치를 제공하는 데 집중한다. 이를 위해 품질 유지에 대한 원칙을 고수하며, 고객 경험을 최우선으로 고려한다. 대중적인 유행을 좇기보다는 브랜드만의 고유한 철학과 가치를 유지하는 것이 핵심이며, 단기적인 매출 증가보다는 충성 고객을 유지하며 오랜 기간 사랑받는 브랜드로 성장하는 것이 목표다. 오래 사랑받는 브랜드는 단순히 돈을 벌기 위한 수단이 아니라, 자신의 가치를 세상에 전달하고 그것을 일관되게 실천하는 곳이다. 스스로 성장을 제한하는 것은 곧, 자신의 철학을 지키는 가장 강력한 선택이 될 수 있다.

11장. 바이럴

Viral

아빠는 왜 늘 등산복만 입을까?

"아빠는 왜 늘 등산복만 입을까. 아빠만의 스타일은 없을까?" 《THE NEW GREY》의 편집장을 맡고 있던 여대륜 씨는 사진 속 아버지의 패션을 보며 이런 의문을 품었다. 그는 직접 답을 찾기 위해 20여 명의 중년 남성을 무작위로 만나 그들의 이미지에 맞는 패션을 제안했다. 옷을 입히고 사진을 찍은 뒤, 그들의 이야기를 잡지에 담았다. 결과는 놀라웠다. 단 몇 시간 만에 스타일 하나로 완전히 다른 사람이 되는 모습을 목격하며 자신감을 얻었다. 그렇게 촬영한 사진을 아버지들의 SNS 프로필 사진으로 올렸다. 가족과 주변 사람들이 먼저 열광했다.

'우리 아빠 프사 바꾸기' 프로젝트의 시작

이 프로젝트를 기반으로 여대륜 씨는 2014년 남성 패션 에이전시 '헬로우젠틀'을 창업했다. 중년 남성을 위한 패션 코디를 제안하고 중년 패션 리더를 키우는 비즈니스 모델이었다. 투자도 받고 사업을 키웠지만, 경험 부족으로 인해 2017년 10월 문을 닫아야 했다. 그러나 그의 도전은 여기서 끝나지 않았다.

2018년 가을, 이 프로젝트는 '우리 아빠 프사 바꾸기'라는 이름으로 다시 시작되었다. 중년이라면 누구나 참여 가능했고, '아빠'를 강조해 자녀들이 자발적으로 신청하도록 유도했다. 패션 스냅과 프로필 촬영을 해주는 'before & after' 콘셉트가 주요했다. 상·하의, 신발, 재킷을 포함한 스타일링과 뉴 그레이 화보집을 선물하는 데 드는 비용은 19만 9,000원. 오랜 준비 끝에 선보인 이 프로젝트는 펀딩 개시 15분 만에 마감되는 기록을 세웠다. 추가 신청이 이어지며 총 800만 원이 모였다. 2019년 진행된 두 번째 펀딩도 20분 만에 100%를 달성했다.

그저 옷을 바꿔 입히는 프로젝트였지만, 중년 남성들의 변화는 인터넷에서 뜨거운 반응을 얻으며 바이럴되기 시작했다. 배가 나오고 머리숱이 줄어든 아버지들의 변신에는 다양한 스토리가 녹아있었다. 가족을 위해 희생하며 자신을 꾸미는 데 소홀했던 중년 남성들에게도 '멋'이 필요하다는 사실을 세상이 깨닫기 시작한 것이다.

남자의 화장, 이제는 이상한 일이 아니다

　남성 화장도 더 이상 낯선 것이 아니다. 1990년대 이후 태어난 Z세대에게 화장은 결코 용기가 필요한 일이 아니다. 유튜브에는 여성 못지않은 화장 실력을 가진 남성 전문가들이 즐비하다. 하지만 여전히 많은 남성에게 화장은 넘기 어려운 장벽 중 하나다. 만약 남자들 사이에서 누군가 화장을 고친다면? 이상한 눈초리는 기본, 어쩌면 핀잔을 들을지도 모른다.

　남성 화장품 브랜드 DTRT는 이러한 편견을 광고에 녹여냈다. 광고 속에서 립밤을 바르는 남성을 보고 주변 남자들이 비아냥댄다. "그렇다고 여자친구가 '짠' 하고 나타나기라도 하냐?" 그러나 곧 한 여성이 등장해 립밤을 바른 남자에게 묻는다. "뭐 바른 거야?" 남자는 무심하게 답한다. "아니." 이 광고는 '보습과 발색이 가능한 립밤'이라는 제품의 필요성을 강조하면서도, 남자들이 타인의 시선을 의식하지 않고 변화를 시도할 수 있도록 유도했다. 결국 이 광고는 공감과 호응을 얻으며 남성 화장의 시대를 열기 시작했다.

남자의 변신, 그 이유는 '자존감'

세상이 달라지고 있다. 소비자도 함께 변하고 있다. 예전 같으면 움직이지 않던 시장이 이제는 변화하고 있다. '우리 아빠 프사 바꾸기' 프로젝트는 단순한 스타일 변화가 아니었다. 그들뿐만 아니라 가족과 지인들의 인식을 송두리째 바꿔놓았다. 이 프로젝트를 통해 주목받은 인물도 있다. 27년간 순댓국집을 운영하던 64세 김칠두 씨는 뒤늦게 패션 모델이 되어 런웨이를 걷고 있다. 남자들의 변신이 '무죄'를 넘어 '자랑'이 되는 시대가 된 것이다.

왜 이런 변화가 나타날까? 남성의 패션과 화장은 단순히 '멋'을 위한 것이 아니다. 이는 그들에게 용기와 자신감을 주고, 자존감을 높여주는 과정이다. DTRT의 광고가 보여준 메시지도 바로 그것이다. 연애를 넘어 자신의 삶에서 성공한 중년 남성들이 찾는 새로운 시장이 열리고 있는 것이다. 그러니 이제 소셜 마케터들도 사람의 마음을 읽어야 한다. 남성 소비자의 욕망을 파악해야 한다. 그리고 어떤 동물이든 '수컷이 화려하다'는 사실에 주목해야 한다. 남성 패션과 뷰티 시장은 이제 겨우 첫발을 내디뎠다. 이 변화가 어디까지 확장될지는 아무도 모른다. 어떤 변화를 만들어낼지는 이제 마케터들의 몫이다.

어떤 글이 공유되고 바이럴 되는 것일까?

2013년 8월, 서울 지하철 오목교역에서 있었던 일이다. 한 경찰관이 주저앉아 여윈 팔목의 할머니를 안쓰러운 눈빛으로 바라보고 있었다. 빛바랜 플라스틱 바구니와 푸른색 비닐봉지 안에는 팔고 남은 야채들이 담겨 있었다. 아마도 불법 노점상을 단속해야 하는 경찰관이 할머니를 설득하는 모습이었다. 때마침 그곳을 지나가던 행인의 눈에도 이 장면이 마음에 걸렸던 모양이다. 그 순간, 경찰관이 할머니에게 다정한 목소리로 말을 건넸다. "에구, 할머니. 여기서 장사하시면 안 돼요. 그런데 식사는 하셨어요? 식사도 안 하시고 계시면 어떻게 해요."

자신의 본분을 다하면서도 상대를 걱정하는 이 따뜻한 한마디가 지나가던 행인의 마음을 움직였다. 그는 할머니가 팔고 있던 깻잎의 가격을 물었다. 천 원이었다. 행인은 그 자리에서 모든 깻잎을 사겠다고 했다. 이 작은 친절이 만들어낸 소박하지만 아름다운 순간은 많은 이들의 마음을 움직였다. 이 이야기는 소셜미디어에서 7만 개 이상의 '좋아요'를 받았고, 1,700개의 댓글이 달렸으며, 1,300회 이상 공유되었다.

감정이 공유된다

그때 박요철 대표는 회사에서 페이스북을 운영하고 있었다. 당시 가장 큰 관심사는 어떤 글이 사람들에게 공유될까? 하는 것이었다. 실생활에서 발견할 수 있는 마케팅과 브랜딩의 원리를 사람들에게 쉽게 전달하고 싶었다. 그래서 오랫동안 다양한 글을 포스팅하며 바이럴되는 콘텐츠의 특징을 분석했다. 그리고 자연스럽게 그 원리를 몸으로 깨우칠 수 있었다. 그중 하나는 팩트나 정보보다 '감정'이 공유되기 쉽다는 사실이었다.

디즈니랜드에서 있었던 또 하나의 사례도 있다. 어느 날 한 부부가 디즈니랜드의 한 식당을 찾았다. 그리고 세 명 분의 메뉴를 주문했다. 의아하게 생각한 종업원이 이유를 물었다. 그러자 부부는 "세상을 떠난 우리 아이가 이 식당을 좋아했어요. 오늘이 그 아이의 생일입니다."라고 답했다. 여기까지만 들어도 코끝이 찡해지는 이야기지만, 이후의 장면은 더 감동적이다. 센스 있는 종업원은 아이용 의자를 식탁으로 가져왔다. 그리고 식사가 끝날 때까지 아이가 있는 것처럼 서빙을 했다.

이 이야기는 만들어진 것이 아니다. 단지 누군가의 시선에 발견되었을 뿐이다. 하지만 사람들은 이 이야기를 공유하고 싶어 했다. 왜냐하면 우리의 감정을 건드리는 이야기이기 때문이다. 박 대표는 이런 바이럴되는 콘텐츠들을 기록하며 특징을 분석했고, 비슷한 방식으로 콘텐츠를 만들어 배포했다. 그리고 3년이 지나자 그가 운영하던 페이스북은 잡지사의 취재 요청을 받을 만큼 영향력을 가지게 되었다.

이야기의 힘은 변하지 않는다

우리는 본능적으로 좋은 이야기를 공유하고 싶어 한다. 그리고 그런 이야기에는 공통점이 있다. 소셜미디어를 활용한 마케팅 전략을 짜기 위해 필요한 것은 단순히 페이스북과 인스타그램의 기능을 잘 아는 것이 아니다. 사람을 이해하는 것, 인간의 욕구와 감정을 읽어내는 것이 더 중요하다. 지금도 하루에도 수천, 수만 개의 기사와 콘텐츠가 쏟아지고 있다. 하지만 그중에서 사람들의 입에 오르내리는 콘텐츠는 많지 않다. 왜일까? 사람의 마음을 움직이는 이야기만이 살아남기 때문이다. 그래서 우리는 관찰해야 한다. 실험해야 한다. 사람의 마음을 읽으려 노력해야 한다. 페이스북이나 인스타그램, 유튜브, 스레드 같은 플랫폼은 계속 바뀔 것이다. 하지만 단 한 가지, 사람의 마음을 움직이는 이야기의 방식은 변하지 않을 것이다.

동네 맛집의 홍보 방법은 달라야 하지 않을까?

추석 연휴를 맞아 목동에 있는 친구 둘과 저녁을 먹으러 갔다. 규모 있는 수학 학원의 원장인 친구는 '프리미엄'을 강조하며 우리를 '일미락'이라는 숙성 삼겹살 전문점으로 안내했다. 오픈한 지 10년이 넘은 이곳을 소개하는 친구는 특유의 투덜거림을 섞어 가게에 대한 불만을 털어놓았다. 가장 큰 불만은 직원들의 고기에 대한 자부심이 너무 높아 손님이 직접 고기를 만질 수 없다는 점이었다. 그런데 더 재미있는 것은, 이제는 그러지 않는 이 가게에 대해 초심을 잃고 있다고 지적하고 있다는 사실이었다. 그럼에도 불구하고 이곳을 찾는 이유를 묻자, 친구는 단 한 마디로 답했다. "맛 때문이지." 하지만 1인분에 24,000원이나 하는 이 가게가 10년을 이어온 데는 분명 맛만이 아닌 다른 이유가 있을 것이라 짐작할 수 있었다.

지역 명소가 된 '고기준', 그 차별화된 매력은?

문제는 맛있게 고기를 먹고 나오는 길에 친구가 '고기준'이라는 또 다른 고깃집을 언급하면서부터였다. 친구는 이곳에서 네 식구가 간단히만 먹어도 50만 원은 족히 나온다고 이야기했다. 그러면서 눈치 없이 고기를 더 시키는 아들 때문에 다른 메뉴로 배를 채우게 했다는 이야기를 덧붙였다. 우리는 그 얘기를 듣는 순간, '이곳은 대체 어떤 곳이길래 이런 위엄이 느껴질까?'라는 궁금증이 생겼다. 8개나 되는 학원을 운영하는 학원 대표가 부담을 느낄 정도의 고깃집이라면, 과연 어떤 특별한 요소가 있는 걸까? 그럼에도 불구하고 이곳이 지역 주민들에게만 알려진 '동네 맛집'이라는 점도 흥미로웠다. 입소문만으로 알려지는 일반적인 방식과는 또 다른 이유가 있지 않을까? 이런저런 생각이 스쳐 지나가는 동안, 이 고깃집만큼은 꼭 한 번 가봐야겠다는 결심을 하게 되었다. 물론 그만한 비용을 지불할 각오도 필요하겠지만 말이다.

추석 연휴 동안 우리는 조나 버거가 쓴 『컨테이저스: 전략적

소문』을 다시 읽었다. 출간된 지 10년이 넘은 책이었고, 이미 한 번 읽은 책이었지만, 이번에는 폭발적인 인사이트와 함께 강한 자극을 받았다. 그러나 한 가지 의문은 좀처럼 사라지지 않았다. 과연 이 책의 전략이 '작은 회사'나 '동네 맛집'에도 적용될 수 있을까? 해외 사례를 중심으로 쓰인 마케팅 서적은 종종 대기업의 성공 사례를 다룬다. 누구나 책을 읽으며 동기부여를 받을 수 있지만, 막상 그 안에서 '어떻게 (how)' 실행할지에 대한 실질적인 해답을 찾기는 쉽지 않다.

다행히 『컨테이저스』는 대형 기업의 성공담이 아닌, 작고 소소하지만 강력한 바이럴 마케팅의 성공 사례를 이야기하고 있었다. 물론 우리가 직접 실행해볼 해법은 스스로 찾아야 하지만, 적어도 방향은 보였다.

사람들이 자발적으로 정보를 공유하는 이유

이 책에서는 'STEPPS'라는 여섯 가지 원칙으로 바이럴 마케팅의 원리를 설명한다. 그중에서도 가장 눈에 띄는 개념은 바로 '소셜 화폐(Social Currency)'다. 사람들이 아무런 대가 없이 특정 제품이나 정보를 자발적으로 공유하는 이유는 그것이 자신의 이미지나 평판을 높일 수 있는 요소이기 때문이다. 예를 들어, 우리는 단순히 정보 제공이 아닌, 자신의 취향과 안목을 드러내기 위해 맛집을 추천한다.

반면, '소셜 화폐'가 공급자의 관점에서 접근하는 개념이라면, '실용적 가치(Practical Value)'는 소비자의 관점에서 접근하는 개념이다. 즉, 어떤 정보가 즉각적인 혜택을 제공할 수 있다면, 사람들은 그 정보를 적극적으로 공유한다. 예를 들어, 한 사람이 등산을 가서도 진공청소기의 장점을 이야기하는 것은, 그것이 특정한 상황에서도 실용적인 가치를 제공하기 때문이다. 결국, 바이럴 마케팅의 구조도 브랜딩의 구조와 크게 다르지 않다. 브랜드가 소비자에게 줄 수 있는 가치와, 소비자가 원하는 가치가 만나는 지점에서 바이럴이 일어난다.

왜 '고기준'은 더 많이 알려지지 않았을까?

이런 관점에서 '일미락'과 '고기준'이 아직 대중적으로 널리 알려지지 않은 이유를 생각해보자. 첫째, 지역 내에서 이미 충분한 고객 만족을 얻고 있기 때문이다. 굳이 더 많은 사람들에게 알릴 필요성을 느끼지 못했을 가능성이 크다. 둘째, 지역적 제한성으로 인해 바이럴이 늦어졌을 가능성이다. 전국적인 브랜드가 아닌, 특정 지역에 기반을 둔 골목 상권 브랜드라면, 입소문이 퍼지는 방식

자체가 다를 수밖에 없다. 즉, 전국 단위의 브랜드 마케팅과 지역 기반 마케팅은 생존과 홍보 방식이 다를 수밖에 없다는 가설을 세울 수 있다.

우리는 시중에 나와 있는 대부분의 브랜드 마케팅 책들이 작은 브랜드나 동네 가게의 마케팅에는 당장의 도움을 주지 못하는 이유가 바로 여기에 있다고 생각한다. 그렇다면, 스몰 브랜드의 홍보와 마케팅을 위한 새로운 방법은 어디에서 찾아야 할까? 대형 브랜드는 대규모 광고와 마케팅 예산을 통해 시장을 공략할 수 있다. 반면, 스몰 브랜드는 자연스럽게 바이럴될 수 있는 요소를 찾고, 그것을 '소셜 화폐'로 전환하는 전략이 필요하다.

우리가 목동의 '일미락'과 '고기준'을 떠올리며 고민한 이유도 바로 그것이다. 단순히 '맛이 좋다'는 이유만으로 10년을 유지한 것이 아닐 것이다. 아마도 이곳만의 특별한 요소가 고객들에게 공유될 이유가 되었기 때문일 것이다. 다만, 그 과정이 기존의 대기업이 사용하는 마케팅 방식과는 다를 뿐이다. 그렇다면, 우리가 운영하는 브랜드나 가게에서 적용할 수 있는 전략은 무엇일까? 이 질문에 대한 답을 찾는 것이야말로 스몰 브랜드 마케팅의 핵심일 것이다. 우리만의 '소셜 화폐'를 만들고, 소비자가 자연스럽게 퍼뜨릴 수 있는 구조를 고민해야 한다. 이제, 새로운 접근 방식이 필요한 시점이다.

12장. 내부 경영

anding

당신의 회사에는 브랜드십이 있습니까?

　4대째 대물림되는 회사가 있다. 그러나 그 방식이 일반적인 세습 기업과는 완전히 다르다. 1대 대표는 인턴으로 시작했고, 4대 대표는 대리로 회사 일을 시작했다고 한다. 교회조차 세습하는 시대에 평사원이 대표가 되는 것도 신기한데, 더 놀라운 것은 1대 대표가 다시 평사원에게 대표직을 넘겨주는 방식으로 4대째 이어지고 있다는 사실이다. 이런 회사가 가능하다는 것이 우리만 놀라운 걸까?

　더 흥미로운 점은 대표 이사 자리가 3년마다 재고용된다는 것이다. 그리고 3년 차가 되던 해, 4대 대표는 고민에 빠졌다. "과연 내가 이 대표직을 계속 유지할 자격이 있는가?" 그동안 회사는 별로 달라진 게 없는 것 같은데, 내가 계속 이끌어도 될까? 고민 끝에 아내에게 물었더니 이런 답이 돌아왔다. "당신이 바뀌었잖아!"

회사가 성장할 때 반드시 고민해야 할 문제

이 회사의 이름은 '도모'다. 우리는 청담동 인근의 아늑한 사무실에서 오랫동안 다양한 이야기를 나누었다. 대화의 핵심은 '암묵지', 즉 경험과 노하우가 어떻게 다른 구성원들에게 '형식지', 즉 공유 가능한 지식으로 전달될 수 있는가였다. 한 사람의 들고 남에 따라 흔들리기 쉬운 조직의 구조를 어떻게 개선할 것인가? 창업의 단계를 넘어서면 회사는 또 다른 고민에 직면하게 된다. 그리고 대표의 역할은 이 문제를 해결하는 것이다.

조직은 조금만 커져도 문제에 휩싸인다. 사람이 세 명만 되어도 파벌이 생기고, 열 명이 되면 사내 정치가 시작된다. 스무 명이 넘어가면 조직 관리의 위기가 찾아온다. 이 임계치를 넘어야 수백 명을 고용하는 회사로 성장할 수 있다. 그리고 조직 관리가 곧 조직 문화가 된다. 이때 가장 중요한 것은 대표조차 지켜야 하는 규범과 문화다. 우리는 그것을 '브랜드십(Brandship)', 혹은 '브랜드니스(Brandness)'라고 부른다.

스몰 브랜드에도 브랜드십이 필요할까?

우문이다. 브랜드십은 단순히 대기업에서만 필요한 것이 아니다. 작은 회사에도, 스몰 브랜드에도 필수적이다. 여기서 말하는 브랜드십은 곧 창업자의 일하는 방식이다. 회사가 조금만 커져도 대표가 가진 노하우를 구성원들과 공유하는 것이 가장 큰 문제가 된다. 그리고 그것을 지속 가능하게 만들기 위해서는, 그 암묵지가 회사 문화로 자리 잡아야 한다.

도모의 이선종 대표는 어느 날 아내로부터 데이트 요청을 받았다. 다른 약속을 취소하고 약속 장소로 나갔더니, 아내가 대뜸 이렇게 물었다. "오빠 요즘 힘들지?" 부인할 수 없는 표정을 짓자, 아내가 다시 말했다. "당연히 힘들지. 지금처럼 모든 일을 혼자 다 하려 들면 말이야." 그날로 그는 8명의 리더 그룹을 만들었다. 지속 가능한 경영을 위해서, 그리고 대표의 역할을 보다 효과적으로 수행하기 위해서 말이다.

덤덤한 대화였지만, 깊은 인사이트가 있었다. 오래도록 성장하는 회사들의 공통점을 우리는 이 대화에서 찾을 수 있었다. 우리도 1인 기업을 운영하고 있지만, 혼자 일한다는 생각은 한 번도 해본 적이 없다. 협업하는 회사든, 클라이언트든, 뜻을 같이하는 모임이든, 함께하는 사람들과 일하는 것이 중요하기 때문이다. 일을 잘

한다는 것은 단순히 업무 수행 능력이 뛰어난 것이 아니다. 그 '일' 너머의 '사람'을 보고, 그들의 마음을 얻어야 한다. 그리고 그것은 시작이 작은 스몰 브랜드도 마찬가지다. 언제까지나 그 브랜드가 '스몰'하지만은 않을 테니까.

어쩌면 외식업은 교육사업이 아닐까?

지방 소도시의 설렁탕집 사장님을 만나고 왔다. 낮은 목소리로 조곤조곤 말씀하시는데, 내공이 상당했다. 두 시간을 내리 들었는데도 모든 이야기가 새롭고, 여느 화려한 스타트업 대표의 무용담보다 더 흥미진진했다. 문득 우리가 알고 있는 지식의 지평이 확장되는 경험을 했다. 배움이란 이렇게 전혀 뜻밖의 시간과 장소에서 이뤄지곤 한다. 아래의 내용은 그 배움의 아주 일부지만, 최대한 기억을 되살려 기록해본다.

이 설렁탕집은 가마솥 서너 개가 투명하게 공개되어 있다. 사장님은 오랜 고민 끝에 결정했다고 한다. 오픈 주방까지는 괜찮았지만, 핏물 빼는 모습과 역한 냄새까지 손님들에게 공개해야 할지 망설였다. 하지만 결국 이마저도 보여줘야 손님들의 '신뢰'를 얻을 수 있다고 판단했다. 좋은 모습만 보여주는 것은 반쪽짜리라 생각했기 때문이다. 그 결과, 10년 된 이 가게는 지역 주민들로부터 비교할 수 없는 믿음과 평판을 얻었다. 우리가 식당 이름을 말하자, 택시 기사는 두 번 묻지 않고 바로 출발했다. 이것이야말로 사람들의 마음을 얻은 진짜 맛집의 모습이 아닐까.

식당의 진짜 평판을 결정하는 사람들

그렇다면 이 신뢰는 어떻게 만들어지는 걸까? 사장님은 뜻밖에도 직원 이야기를 꺼냈다. 손님들이 보는 식당의 모습은 아주 일부분이다. 하지만 식당에서 일하는 직원들은 주인과 식당의 진짜 모습을 속속들이 안다. 그래서 이 사장님은 직원 교육에 가장 많은 공을 들인다고 했다. 그렇다고 해서 직원들에게 일일이 지시하는 것이 아니라, 묵묵히 먼저 실천하고, 직원들이 알아들을 때까지 여섯 번이고 일곱 번이고 반복한다고 했다.

예를 들어, 손님들이 무리한 요구를 하면 이 식당의 직원들은 일단 "알아보겠습니다"라고 답한다. 이때 가장 중요한 것은 직원의 표정과 태도다. 결국 손님들은 무리한 요구를 들어주느냐보다,

직원이 어떻게 응대하는지를 먼저 본다. 그리고 주문할 때도 직원의 눈치를 본다. 바쁜지, 표정이 어떤지 살핀 후에야 부른다는 것이다. 설렁탕은 맛의 편차가 크지 않은 음식이다. 하지만 10년 이상 가는 식당은 이런 직원 교육에서 차이를 만든다.

사장님은 5년 동안 갈빗집을 운영했고, 이후 10년간 당구장을 운영하다가 지금의 설렁탕집을 열었다. 그러면서 식당에서 가장 중요한 요소가 '마인드'라는 사실을 깨달았다. 갈빗집을 운영할 때, 생갈비를 팔았다고 한다. 그런데 생갈비는 금방 상하기 쉬웠고, 신선도 관리가 관건이었다. "이 정도면 괜찮겠지" 하고 내놓으면 클레임이 들어왔고, 이런 과정이 반복되며 가게는 점차 내리막길을 걸었다. 게다가 두 번 다시 오지 않을 단체 손님을 챙기느라 단골 손님을 잃게 되었다. 이 경험을 통해 그는 외식업이 '교육업'이라는 사실을 깨달았다. 식당이 10년을 넘어서 100년을 가려면, 주인의 마인드뿐만 아니라 직원들의 마인드도 철저하게 교육해야 한다는 것이다. 그렇지 않으면 5년이 채 지나기 전에 열 곳 중 여덟 곳은 망한다고 했다. "식당에서 일하려면 국가에서 자격증을 줘야 한다"고 말할 정도로, 교육의 필요성을 강조했다.

외식업의 핵심은 '마인드'다

많은 식당에서 직원들은 가장 바쁠 때를 대비해 음식 준비를 한다. 하지만 그렇게 미리 준비한 음식과 고기가 맛있을 수 있을까? 그래서 사장님은 철저히 데이터에 기반해 준비를 시킨다. 직원의 감(感)에 의존하지 않고, 요일별 매출과 메뉴 데이터를 분석해 준비량을 조절한다. 또한, 직원들이 조금이라도 편할 수 있도록 업무를 효율화하는 데 주력했다. 좋은 아이디어를 내는 직원에게는 별도의 상금을 지급하며 동기부여를 한다. 하지만 직원이 편하기 위해 맛을 희생하는 것은 절대 허용하지 않는다.

"목만 좋으면 됐지, 음식만 잘하면 됐지" 하는 생각은 아마추어들의 발상이라고 했다. 맛있는 음식은 기본이다. 중요한 것은 주인의 마인드와 직원들의 태도다. 특히 설렁탕처럼 변화가 적은 음식을 다룬다면, '서비스와 신뢰'가 곧 경쟁력이 된다. 잘 교육된 직원들은 식당이 가진 가장 큰 자산이다. 그리고 그 중심에는 주인의 철학이 있다. 외식업은 결국 '신뢰를 파는 일'이다. 이것을 아는 식당만이 100년을 갈 수 있다. 그리고 이 사장님은 100년 가는 식당을 만들기 위해 매일 고민하고 있었다.

장수옥 설렁탕, 100년을 꿈꾸는 식당

이 식당의 이름은 목포에 있는 '장수옥 설렁탕'이다. 10년을 버틴 식당이 100년을 가는 식당으로 성장하는 방법은 무엇일까? 우리는 이곳에서 단순히 맛집이 아니라 '지속 가능한 브랜드'를 만드는 방법을 배웠다. 신뢰를 쌓으려면 좋은 모습뿐만 아니라, 있는 그대로를 보여줘야 한다. 손님보다 직원이 먼저다. 직원이 만족해야 손님에게도 좋은 서비스가 제공된다. 고객 응대에서 가장 중요한 것은 '태도'다. 손님은 음식뿐만 아니라 직원의 표정도 함께 맛본다. 맛은 기본이다. 오래가는 식당이 되려면 '운영 방식'과 '마인드'가 더 중요하다. 경험과 직관이 아닌 '데이터'를 기반으로 운영해야 한다 이곳의 사장님은 단순한 식당 운영자가 아니라, 브랜드 경영자였다. 우리는 그가 설렁탕을 끓이는 것이 아니라 '사람들의 신뢰를 요리하고 있다'는 사실을 깨달았다. 이제, 10년을 넘어 100년 가는 브랜드를 만들고 싶은 사람들에게 가장 필요한 것은 '음식의 맛'이 아니라 '마인드'가 아닐까?

푸드트래블은 왜 일하는가

대학생 두 명이 푸드 트럭을 시작했다. 그러나 얼마 지나지 않아 예상치 못한 시련이 닥쳤다. 코로나가 터지면서 거리에서 음식을 파는 일이 불가능해졌다. 처음에는 금방 끝날 거라 생각했지만, 6개월이 지나고 1년이 지나도 상황은 나아지지 않았다. 백화점에서 감자튀김을 팔고, 아파트 단지에서 장터를 열어봤지만 매출은 한계가 있었고, 스마트 오더 시스템을 도입해 '드라이브스루 푸드 트럭'을 운영해도 상황을 뒤집기엔 역부족이었다.

절망적인 상황 속에서 두 사람은 깊은 고민에 빠졌다. 그러다 문득 팬클럽이 스타들에게 보내는 푸드 트럭이 떠올랐다. 사람들이 푸드 트럭을 찾을 수 없다면, 우리가 직접 찾아가면 어떨까? 그렇게 기업을 대상으로 한 새로운 제안을 시작했다. 블로그에 직원 사기를 높이기 위한 푸드 트럭 서비스에 대한 글을 올리고, 반응을 기다렸다.

첫 고객과 3억 원짜리 계약

기다림 끝에 첫 고객이 나타났다. 사내 행사에 푸드 트럭을 요청하는 기업이었고, 한 실업계 고등학교에서는 학생들의 등교를 응원하기 위해 푸드 트럭을 불렀다. 한 주에 한 번 고객을 만나며 어려운 시간을 버텨야 했지만, 그들은 한 사람 한 사람에게 최선을 다했다. 컴플레인이 적은 커피부터 시작해 쿠키, 햄버거, 닭강정 같은 호불호가 적은 음식을 중심으로 찾아가는 서비스를 만들어갔다. 그러던 어느 날, 포스코에서 연락이 왔다. 전국 200곳의 직장에 푸드 트럭을 보내달라는 요청이었다. 3억 원 규모의 이 계약이 '푸드 트래블'의 전환점이 되었다.

현재 직원 수 20명 이상, 연 매출 70억을 바라보는 이 회사는 이제 단순한 푸드 트럭이 아니라 기업 맞춤형 푸드 서비스를 제공하는 회사로 성장했다. 커피나 간단한 간식뿐만 아니라 '노티드 도넛' 같은 유명 브랜드의 제품도 제공하며, 매출은 지난해 대비 두

배 가까이 성장했다. 별도로 운영하는 푸드 트럭 센터에는 항상 10여 대 이상의 트럭이 대기 중이며, 유튜버 '히밥'과 협업하는 프로젝트도 진행하고 있다. 이는 단순한 매출이 아니라 브랜드 홍보를 위한 프로모션의 일환이었다. 기업 입장에서 이들의 푸드 트럭은 직원 만족도를 높이는 매력적인 프로그램이 되었고, 새로운 게임을 출시하는 기업들이 특정 타겟 고객이 많은 회사에 커피차를 보내는 방식으로 프로모션을 활용하기도 했다.

'왜 일하는가'를 고민하는 조직

그러나 이 회사의 진정한 매력은 성과보다 '일하는 방식'에 있다. 공동 창업자인 대표와 부대표는 창업 전, 한 달 이상 스타벅스에서 그들이 왜 일하는지 고민했다고 한다. 매출만큼 중요한 것이 '우리가 존재하는 이유'라고 생각했기 때문이다. 이들은 '일상에서의 행복'과 '고객을 풍요롭게 하는 경험'을 회사의 핵심 가치로 삼았고, 이 가치를 공유하지 않는 사람과는 함께 일할 수 없다고 믿었다. 그래서 직원 채용에서도 일하는 이유가 분명한 사람, 기본적으로 선한 사람, 그리고 일상의 행복을 아는 사람을 찾는 데 집중했다. 그래야만 회사가 어려운 상황이 와도 함께 오래 일할 수 있기 때문이다.

이들의 비즈니스 모델은 철저히 고객의 니즈에 맞춰져 있다. 사람들이 푸드 트럭을 찾아올 수 없는 상황이 되자, 직접 찾아가는 서비스를 만들었고, 팬클럽 조공 같은 경쟁이 치열한 시장은 피하는 대신, 직원의 사기 진작을 고민하는 기업들의 니즈를 해결하는 데 집중했다. 그러나 이 회사의 가장 큰 강점은 서비스 이상의 가치를 중요하게 생각한다는 점이다. 창업을 위한 아이템이나 입지를 먼저 고민한 것이 아니라, 오래도록 함께 일할 이유(Why)를 먼저 찾았고, 그것을 실현할 비즈니스를 찾아냈다.

조직 운영의 명확한 기준

대표와 부대표의 역할도 선명하게 나뉘어 있다. 대표는 사람을 좋아하고 외부 업무를 맡아 기업과의 협업을 이끌어가는 반면, 부대표는 내부 직원들의 인사와 조직 관리를 담당한다. 푸드 트럭을 여러 대 운영하던 관계사의 대표를 센터장으로 영입해 업무를 철저히 위임하는 등 조직 운영도 체계적으로 이루어지고 있다. 하지만 이 모든 운영의 중심에는 '일상의 행복을 전달한다'는 선명한 가치가 있다. 그리고 이 말은 가치에 부합한다면 어떤 일도 할 수 있다는 가능성과 확장성으로 이어진다.

부산에서 조용히 성장하고 있는 이 회사는 단순한 성공 스토리를 보여주는 것이 아니라, '왜 일하는가'를 고민하는 조직이 얼마나 강한 힘을 가질 수 있는지를 증명하고 있다. 이제 우리는 묻지 않을 수 없다.

"우리의 Why는 무엇인가?"

부록. 12단계 브랜딩 사례집

1) 트레바리

1. 창업의 이유 (Why)

삶을 더 주체적이고 아름답게 살기 위해, 독서를 통한 지적 성장과 사람들과의 대화를 매개로 커뮤니티를 만들고자 함

2. 핵심 가치 (Core Value)

- 독서, 클럽, 연결
- 자기 생각을 말할 수 있는 지적인 사람들과의 만남을 통해 개

인과 사회의 성장을 추구

3. 시장과 소비자 (Market & Customer)

- 인간의 본질적 욕구: 알고 싶고, 연결되고 싶은 욕구
- 지적 자극의 기회가 부족한 평범한 사람들에게 전문가와의 만남, 네트워크를 제공
- 독서모임 운영의 번거로움을 비즈니스로 해결

4. 핵심자원과 활동 (Key Resources & Activities)

- 책 기반의 네트워크와 커뮤니티 운영
- 다양한 성격의 클럽 제공: 지적 성장 중심 vs 관계 중심
- 회원이 즐기기만 하면 되는 모임 운영 시스템

5. 차별화 (Differentiation)

- 강제 독후감 제출로 몰입도와 질 유지
- 오프라인 만남 중심으로 깊이 있는 연결 추구
- 북토크 수칙 도입 등 건강한 대화문화 조성

- 영화·음식 등 책 너머의 경험 확장

6. 컨셉과 슬로건 (Concept & Slogan)

- 업데이트와 연결을 파는 소프트웨어이자 제조업체
- 우연을 의도된 인연으로 만드는 커뮤니티 설계

7. 네이밍 (Naming)

- '트레바리': 트집잡는 사람이라는 순우리말, 비판적 사고와 토론의 상징

8. 스토리텔링 (Storytelling)

- 창업자 윤수영은 다음→카카오 변화 속 불확실성에서 영감을 얻어 창업
  - 성수·안국·압구정에 전용 공간('아지트') 운영
  - 시즌별 수백 개 클럽 운영, 다양한 운영 방식과 주제

10. 마케팅 전략 (Marketing Strategy)

- 멘토 섭외와 매니저 육성에 집중
- 팬데믹 이후 온·오프라인 병행 체제로 전환
- 연애 커뮤니티 오해 방지 위해 독후감 필수 참여 조건

12. 내부 경영 (Inner Branding)

- 모임 성공의 핵심은 매니저
- 매니저 교육과 체크리스트 운영으로 퀄리티 유지

2) 귤엔터테인먼트

1. 창업의 이유 (Why)

- 버려진 유기견들이 더 쉽게 입양될 수 있도록
- 쉽게 키우고 쉽게 버리는 반려견 문화를 바꾸기 위해 시작

2. Core Value (핵심 가치)

- 공존, 공생

3. 시장과 소비자 (Market & Customer)

- 반려동물 산업은 연평균 14.5% 성장 중
- 2027년에는 6조 원 규모 예상

4. 핵심자원과 활동 (Key Resources & Activities)

- 유기견에 대한 애정과 돌봄.
- 구조 → 임시 보호 → 입양 홍보 → 새로운 가족 연결

5. 차별화 (Differentiation)

- 유기견을 아이돌로 브랜딩
- 입양을 '데뷔'로 표현하는 세계관
- 예: '제주탠져린즈', '노지감귤즈' 등 그룹 이름 부여
- 독특한 콘셉트로 시선을 끌어 빠른 입양 유도

6. 컨셉과 슬로건 (Concept & Slogan)

- "국내 최초, 세계 최초 유기견 아이돌 소속사"

- 사실상 입양 캠페인용 엔터테인먼트 세계관

7. 네이밍 (Naming)

- 귤엔터테인먼트: 제주 감귤과 지역성을 살린 작명

8. 스토리텔링 (Storytelling)

- 제주에서 유기견 현실에 충격 → 무관심 속 변화 필요성 느껴 시작
- SNS에 단순 구조 글 올려도 반응 없자 아이돌 콘셉트 기획
- 구조 과정의 고통, 성견 우선 구조의 어려움 등 현실적인 고비 존재

10. 마케팅 전략 (Marketing Strategy)

- 강아지들에게 귤 모자와 의상을 입혀 사진 촬영
- 직접 디자인한 아이돌 홍보 포스터 제작
- 오프라인 팬미팅 개최 (예: 삼청동 행사에 200명 방문)

11. 바이럴 (Viral)

- 기존 단체에도 영감 제공
- 예) 동물자유연대가 유기묘 아이돌 '11키티즈' 결성

3) 코끼리 베이글

1. 창업의 이유 (Why)

- 부드럽고 덜 단 식사빵
- 특히 베이글의 본질인 반죽 맛과 식감을 살리고 싶어서
- 스프레드 없이도 맛있는 베이글을 만들고 싶었음

2. Core Value (핵심 가치)

- 창업은 뚜렷한 이유와 철저한 준비, 실패를 고려한 계획에서

출발해야 함

3. Customer & Market (시장과 소비자)

- 식사빵 트렌드 확산으로 베이글 인기 상승
- MZ세대 중심으로 쫄깃함 + 꾸덕함 식감 선호 증가
- 관련 시장은 빠르게 성장 중 (예: 플레인빵 시장 4년간 62% 성장)

5. 차별화 (Differentiation)

- 스프레드 미사용, 대신 재료를 반죽에 직접 혼합해 풍미 강화
- 양파, 블루베리 등 흔한 재료는 제외, 대신 대추, 무화과, 시금치, 잣 등 신선한 원물 사용
- 두 가지 이상 재료 조합: 예) 올리브치즈, 호두크랜베리, 버터솔트
- 화덕 베이글: 전기 오븐 대신 화덕 사용으로 식감 개선
- 최적의 화덕 조리법 개발에 1년 소요

6. 컨셉과 슬로건 (Concept & Slogan)

- "Bake with Firewood"
- 화덕에 구운 정통식 베이글

7. 네이밍 (Naming)

- "코끼리베이글": 단순하고 친근한 이름, 행운의 상징 의미도 포함

8. 스토리텔링 (Storytelling)

- 2017년 양평동에서 시작 → 3개 직영점(영등포, 용산, 성수) 운영
- 베이글 완판 → 방송 이후 대기줄 맛집으로 성장
- 고객 취향과 식감에 대한 관찰로 탄생한 베이글 전문점

10. 마케팅 전략 (Marketing Strategy)

- 초창기 직접 홍보: 거리 시식, 입소문
- 인스타그래머블한 매장: 참나무 장작, 화덕, 진열대 등 시각적 매력

- 포장 특화 구조 변경 → 회전율·매출 증가
- 매장 내 작가 전시와 예술체험 등 문화 공간화 시도

12. 내부 경영 (Inner Branding)

- 화덕 전담까지 약 1년 소요되는 체계적 커리큘럼 운영
- 직원이 자유롭게 신메뉴 제안 → 테스트 후 실제 출시로 연결

4) 오롤리데이

1. 창업의 이유 (Why)

- "어떻게 하면 더 행복해질 수 있을까?"
- 삶 속의 작고 소소한 행복을 전하고 싶은 마음에서 시작됨

2. Core Value (핵심 가치)

- 핵심 키워드: 행복
- '행복'을 다양한 형태(제품, 콘텐츠, 공간 등)로 표현하며 소

통

- 브랜드 철학을 바탕으로 지속 가능한 브랜딩 추구

3. 시장과 소비자 (Market & Customer)

- 해피어(Happier): 팬, 팀원, 소비자 등 오롤리데이와 함께하는 '더 행복한 사람들'

4. 핵심자원과 활동 (Key Resources & Activities)

- 문구, 패션, 생활용품, 습관 관련 상품 전개
- 단순한 상품이 아닌 행복을 전달하는 수단으로 접근

5. 차별화 (Differentiation)

- 팝업스토어: 핵심 상권 + 시선 끄는 디자인 + 럭키드로우, 스티커, 메시지 카드, 스탬프 등 체험요소 강화
 - 스티커/굿즈/참여형 콘텐츠를 통해 방문자 경험 극대화
 - 이벤트가 끝나도 브랜드가 기억에 남도록 설계

6. 컨셉과 슬로건 (Concept & Slogan)

- "Oh, Lolly Day! Makes your life Happier"
- 당신의 삶을 더 행복하게 만든다는 철학

7. 네이밍 (Naming)

- 문구 맛집, 행복 브랜드
- 이름: Oh, Lolly Day! → Oh, Happy Day 패러디
- 마스코트: 못난이(못나니즈) - 친근함과 공감 유도

8. 스토리텔링 (Storytelling)

- 2014년 시작한 디자인 라이프스타일 브랜드
- 못난이 캐릭터로 대표되는 유쾌한 정체성
- 중국 브랜드의 저작권 침해에도 굴하지 않고 팬들과 함께 대응(와디즈 펀딩으로 1,000명 참여)

9. 브랜드 디자인 (Brand Design)

- 미니멀 + 귀여움, 원색을 세련되게 활용
- 못난이 캐릭터(못나니즈)로 감정 연결

11. 바이럴 (Viral)

- 인스타그램 중심 마케팅
- 계정 해킹 이후 팬들의 진심 어린 응원을 확인하고, 숫자보다 '마음의 밀도'에 집중
- 팬 기반 중심의 진정성 있는 소통 전략 유지
- "Be Happier 캠페인"
- 매년 5월 15일 창립일을 기준으로 행복 메시지와 방법을 제안
- 참여 방법: 콘텐츠, 도구, 실천, 나눔

5) 젠틀 몬스터

1. 창업의 이유 (Why)

- 모두를 놀라게 할 선글라스를 만들고 싶다
- 기존 아이웨어의 틀을 깨고, 예측 불가능한 아름다움을 제안

2. Core Value (핵심 가치)

- 기이한 아름다움 + 창의성 + 감각적 공간
- 디자인 중심 / 아티스트 협업 / **기능성 (칼자이스 렌즈

등)**도 중시

3. 시장과 소비자 (Market & Customer)

- 전 세계 30개국, 400여 매장, 50여 직영점 운영
- 2019년 매출 3000억 원, 영업이익률 30%

4. 핵심자원과 활동 (Key Resources & Activities)

- 선글라스, 안경 중심 → 라이프스타일 브랜드로 확장
- 전시, 콘텐츠, 공간 경험 제공

5. 차별화 (Differentiation)

- 한국 여성 취향 반영 (큰 렌즈)
- 광고 없이 브랜드 경험으로 승부
- 매장을 예술 공간으로 재해석
- 퀀텀 프로젝트, Bath House, 하우스 도산 등
- 글로벌 협업: 제니, 펜디, 화웨이 등

6. 컨셉과 슬로건 (Concept & Slogan)

- "세상을 놀라게 하라"
- 라이프스타일 패션 브랜드
- 아이웨어를 넘어선 예술적 경험 제공

7. 네이밍 (Naming)

- Gentle + Monster
- 겉은 젠틀, 속은 욕망의 몬스터 → 인간의 양면성

8. 스토리텔링 (Storytelling)

- 2011년 김한국 대표 설립
- 영어교육업계 → 아이웨어 창업
- 디자인의 중요성 자각 후 집중
- 드라마 '별에서 온 그대'로 '천송이 선글라스' 대히트

9. 브랜드 디자인 (Brand Design)

- 매장마다 독특한 콘셉트 공간 연출 (주방, 목욕탕, 세탁소 등)

- 25일마다 리뉴얼되는 매장 (재방문 유도)

- 하우스 도산: 복합 문화공간 (젠틀몬스터, 탬버린즈, 누데이크)

- 메타버스(제페토), 중국 하우스상해 등 디지털/글로벌 확장

- SNS 자발적 확산, 수평적 조직문화로 내부 소통 강화

6) 닥터 자르트

1. Why (시작 이유)

- 고가의 피부과용 화장품을 누구나 쉽게 사용할 수 있도록 저렴하게 판매하려는 목적에서 시작

2. Core Value (핵심 가치)

- Specialists, Innovators, Adventurers의 철학으로, 피부와 마

음의 상처까지 치유하는 브랜드 지향

3. 시장과 소비자 (Market & Customer)

- 2011년 미국 세포라 입점 → 2019년 37개국 진출
- 매출 2015년 863억 → 2018년 4898억 원
- 세계 100대 뷰티 기업 3년 연속 선정

4. 핵심자원과 활동 (Key Resources & Activities)

- BB크림: 최초의 대표 제품, 비비크림 대중화
- V7: 7가지 비타민으로 피부 회복 (중국 인기)
- 세라마이딘: 세라마이드 성분으로 보습
- 더마클리어: 저자극 클렌징 워터
- 더마스크: 다양한 피부 문제 대응 마스크 시리즈

5. 차별화 (Differentiation)

- 성분을 적극적으로 알리는 마케팅, 무향·무색소·무알코올 원칙

- 연고 형태 패키지 등 디자인 차별화로 신뢰와 흥미 유발

6. 컨셉과 슬로건 (Concept & Slogan)

- "내 피부 주치의, 닥터자르트"
- Doctor + Join + Art → 이성과 감성의 결합으로 '치유의 예술' 추구

7. 네이밍 (Naming)

- Dr. Jart = Doctor + Join + Art
- 피부과 의사 18명과 협업하며 신뢰 기반 마련

8. 스토리텔링 (Storytelling)

- 건축 전공자 이진욱 대표, 피부과에서 BB크림의 가능성 발견
- 최초의 BB크림 대중화 → 더마코스메틱 시장 선도
- 세라마이딘, 시카페어, 펩타이딘 등 지속적인 히트 제품 출시
- 2019년 에스티로더에 인수, 글로벌 브랜드로 도약

9. 브랜드 디자인 (Brand Design)

- 플래그십 스토어 '필터 스페이스 인 서울': 예술과 과학의 융합 공간
- 펭집사 이벤트: 노란 펭귄 조형물로 SNS 자발적 바이럴 유도

10. 마케팅 전략 (Marketing Strategy)

- 초기부터 중국 대신 세련된 이미지로 미국 시장 공략 (세포라 입점)
- 제품력 + 디자인 + 마케팅 삼박자 전략

11. Viral (바이럴)

- 플래그십 스토어와 펭집사 SNS 이벤트로 입소문 효과 극대화

7) 위키드 와이프

1. Why (시작 이유)

- 와인을 꼭 취향으로 한정할 필요가 있을까?
수많은 와인을 자유롭게, 재미있게 경험하자는 생각에서 출발

2. Core Value (핵심 가치)

- #경험 #확장 #즐거움 #놀이 #마법
- 일상 속 페어링으로 와인 경험을 확장하는 것이 비전

- 쉬운 언어와 다양한 컨텍스트(날씨, 기분, 음악 등)**로 와인을 큐레이션.

3. 시장과 소비자 (Market & Customer)

- 와인을 어렵게 느끼는 사람들
- 와인의 엄숙함을 벗어나고 싶은 사람들
- 일상 속에서 자연스럽게 와인을 즐기고 싶은 사람들

4. 핵심자원과 활동 (Key Resources & Activities)

- 성수 페어링 바, 프라이빗 클래스, 온라인 샵, 구독 서비스, 와인 워크샵 등 다채로운 채널 운영
- 음식 중심 페어링 큐레이션 (예: 전주비빔밥, 양꼬치 등 일상 배달 음식)

5. 차별화 (Differentiation)

- 국가/품종/가격 중심이 아닌, 생활 속 페어링 중심 큐레이션
- 정형화된 와인 분류 대신 새로운 놀이로서의 접근

6. 컨셉과 슬로건 (Concept & Slogan)

- "와인은 즐거운 놀이, 페어링은 마법"
- 우주 최고의 와인 큐레이션 브랜드

7. 네이밍 (Naming)

- 위키드와이프 (Wicked Wife): 위트 있고 독특한 이름
- 기존 와인 브랜드와 차별되는 유쾌함 강조

8. 스토리텔링 (Storytelling)

- 와인 에디터, 강사, 숍 대표 등 다양한 경험 기반
- 10년 넘게 운영한 블로그를 통한 신뢰와 팬덤 형성

10. 마케팅 전략 (Marketing Strategy)

- 복잡한 설명 없이 감각적으로 와인을 소개

- 취향 제안이 아닌 경험 확장을 핵심으로
- 단 하나뿐인 큐레이션 방식

11. 바이럴 (Viral)

- 서울디자인페스티벌, LG전자, '엄마의 목욕탕 레시피' 브랜드와 콜라보
- 와인과 목욕, 공간, 라이프스타일을 결합한 창의적 협업 사례 다수

8) 시현하다

1. 창업의 이유 (Why)

- "증명사진은 왜 꼭 흰 배경이어야 할까?"
- 사람마다 다른 배경색과 연출을 통해 자기를 표현할 수 있는 증명사진을 만들고자 함.

2. Core Value (핵심 가치)

- 색, 대화, 기록, 역사

- 사람마다 고유의 색이 있으며, 사진은 그 사람의 기록이자 역사라는 철학.

3. 시장과 소비자 (Market & Customer)

- 취업준비생, 직장인, 10대, 셀럽 등 자기표현이 중요한 사람들.

4. 핵심자원과 활동 (Key Resources & Activities)

- 1:1 대화로 개성 발견 → 맞춤형 연출과 배경색
- 사진을 기록하고 공유하는 문화
- 자신의 색을 표현하는 '자기 브랜딩' 방식

5. 차별화 (Differentiation)

- 자연스러운 바이럴 (인스타그램 등)
- 굿즈 제작, 네이버 프로필 예약 시스템 도입
- 기존 증명사진과는 완전히 다른 자기 표현 중심 접근

6장. 컨셉과 슬로건 (Concept & Slogan)

- 기업 출장 촬영, 가족 이벤트, 셀럽 및 청소년 프로젝트 등 다양한 활동
- 브랜딩에 진심인 사람들의 기록 공간으로 확장

7. 네이밍 (Naming)

- "나의 역사를 기록하는 공간"
- "누구나 고유의 색이 있다. 우리 모두는 아름답다."

8. 스토리텔링 (Storytelling)

- 브랜드명 '시현하다' = 드러내다, 실현하다
- 사진 작가를 '기록가'라고 부름

9. 브랜드 디자인 (Brand Design)

- 강남 대저택, 정성스러운 환대와 고급스러운 공간
- 빈티지 테이프 포장, 다양한 패키지 옵션

10. 마케팅 전략 (Marketing Strategy)

- 감정 키워드 카드로 고객의 느낌 빠르게 캐치
- 정찰제, 등급별 작가와 서랍(칸) 시스템
- 독창적인 브랜드 용어 체계 구축

11. 바이럴 (Viral)

- 인스타그램, 유튜브, 웹사이트, 카카오톡 등 다채로운 채널 활용

12. 내부 경영 (Inner Branding)

- 레코더즈 아카데미 통한 작가 양성
- 체계적 교육 + 작가 개별 작업실 + 역할 분업화

9) 어글리 어스

1. 창업의 이유 (Why)

- 맛과 영양은 똑같은데 외형 때문에 버려지는 '못난이 농산물'에 문제의식을 느낌.

농가와 직접 연결해 못난이 농산물을 저렴하게 소비자에게 제공하고자 함.

2. Core Value (핵심 가치)

- 친환경, 건강한 식탁, 못난이 농산물의 가치 회복

3. 시장과 소비자 (Market & Customer)

- 1~2인 가구 중심의 구독자 확대 중 (현재 3.5만 명 → 목표 24만 명)
- 2026년 매출 목표 1,000억 원, 못난이 농산물 키워드의 대중화

4. 핵심자원과 활동 (Key Resources & Activities)

- 정기 채소 박스 구독 모델 (7~9종 구성, 주기 선택 가능)
- 선호/비선호 채소 선택, 알림 후 구성 변경 가능
- 생산자와의 실시간 커뮤니케이션 & 공급량 데이터 수집
- '구출 프로젝트'를 통한 물량 조절

5. 차별화 (Differentiation)

- 소비자 맞춤 큐레이션 + 저렴한 가격 + 시간 절약
- 마켓컬리 등과 비교해도 가성비 높은 구성 (평균 2.3만 원 상

당 → 1.85만 원)

- 못난이 농산물 구매를 통해 환경 보호와 사회적 가치 실현에 동참

6. 컨셉과 슬로건 (Concept & Slogan)

- 지속 가능한 식탁
- "못생겨도 괜찮아", "Little Ugly, So Fresh!"

7. 네이밍 (Naming)

- 어글리어스(UglyUs) = 못난이(Ugly) + 우리(Us)

8. 스토리텔링 (Storytelling)

- 예술가 지원 플랫폼 창업 실패 후, 하동 출신 창업자의 경험에서 시작
- 농산물의 외형 위주 유통에 대한 문제의식과 공감에서 출발
- 소비자에게 진정성 있는 스토리 전달을 통한 신뢰 구축

9. 브랜드 디자인 (Brand Design)

- 박스 내 '레시피 페이퍼'를 통해 농산물 출처와 농부 이야기 소개
- 문자/앱을 통한 정보 제공, 소비자 불안을 줄이는 커뮤니케이션

10. 마케팅 전략 (Marketing Strategy)

- 기존 못난이 유통의 핵심 문제인 '소비자와의 커뮤니케이션'을 해결
스토리텔링 + 가격 + 편리함의 삼박자 전략

11. 바이럴 (Viral)

- 19억 투자 유치, 다양한 언론 보도
- 환경, 가성비, 구독 서비스의 결합으로 MZ세대 중심 입소문 확산
- 식물성 케밥 등 다양한 브랜드 협업 진행

에필로그

에필로그 - 브랜드는 살아있는 존재다

브랜드를 만든다는 것은 단순히 제품을 파는 것이 아니다. 그것은 하나의 철학을 만들고, 사람들과 공감하며, 함께 성장하는 과정이다. 그리고 이 과정은 끝이 없다. 브랜드는 한 번 만들어지면 끝나는 것이 아니라, 끊임없이 변화하고 진화해야 한다.

이 책에서 우리는 다양한 스몰 브랜드의 이야기를 살펴보았다. 어떤 브랜드는 고객의 숨겨진 욕망을 발견해 새로운 시장을 개척했고, 어떤 브랜드는 기존 시장의 문제를 해결하며 차별화에 성공했다. 하지만 이 모든 브랜드들이 공통적으로 가지고 있는 것은 자신만의 철학과 가치관이었다.

성공하는 브랜드는 시장의 흐름을 읽는 동시에, 자신이 무엇을 하고 싶은지, 어떤 가치를 전하고 싶은지를 정확히 알고 있다. '왜'라는 질문에 대한 명확한 답을 가지고 있을 때, 브랜드는 흔들리지 않는다. 그리고 그것을 꾸준히 전달할 수 있을 때, 고객들은 브랜드를 사랑하고, 스스로 브랜드의 일부가 된다.

브랜드는 살아있는 존재다. 오늘 우리가 만든 브랜드가 내일도 같은 모습일 것이라는 보장은 없다. 변화하는 시장, 변덕스러운 소비자, 끊임없이 등장하는 새로운 경쟁자들 속에서 브랜드는 끊임없이 질문하고, 고민하고, 성장해야 한다. 그 과정에서 가장 중요한 것은 본질을 잃지 않는 것이다. 브랜드를 처음 만들던 그 순간의 열정, 고객과의 첫 번째 소통, 그리고 가장 처음 품었던 질문을 잊지 않는 것. 그것이 브랜드를 오래 지속시키는 힘이다.

이제, 당신의 브랜드는 어디에 있는가?
그리고 앞으로 어디로 나아가고 싶은가?

이 책이 당신의 브랜드 여정에 작은 나침반이 되기를 바란다. 긴 여정의 끝이 아니라, 이제부터가 진짜 시작이다.

이 책에 소개된 브랜드들

ㄱ

꿀빠는시간, 고기리 막국수, 강혁, 고기준

ㄴ

내인생치과

ㄷ

더히트원, 덴티넘, 도시곳간, 도산분식, 더뉴그레이, 도모

ㄹ

룰루레몬, 로야디, 레브몽

ㅁ

미자식당, 몽탄, 머슴고기, 밀도

ㅂ

본죽, 배드파머스

ㅅ

샐러디, 스위트리, 솥두껍, 삼청동 호떡

ㅇ

역전회관, 에버레인, 와이즐리, 유니타스브랜드, 오호컴퍼니, 월간칫솔, 아이헤이트먼데이, 일간이슬아, 일광전구, 앱스트랙, 으뜸안경, 일미락

ㅈ

정육각, 집무실

ㅋ

카린지, 커브스, TMD (투마이디어), 칸투칸, 커피리브레, 카페이상, 코지모지, 코니아기띠, 카멜버스, 크라이치즈버거

ㅌ

톤28

ㅍ

폴앤폴리나, 피그온더가든, 피노키오, 프리미엄 고베, 푸드트레블

ㅎ

히레카